U0131924

姜异新 著

究竟是青春

鲁迅的留日七年

（1902—1909）

河北出版传媒集团

河北教育出版社

图书在版编目（CIP）数据

究竟是青春 : 鲁迅的留日七年 : 1902—1909 / 姜
异新著 . -- 石家庄 : 河北教育出版社 , 2024.1（2024.3重印）

ISBN 978-7-5545-8242-8

Ⅰ.①究… Ⅱ.①姜… Ⅲ.①鲁迅（1881—1936）—
生平事迹 Ⅳ.① K825.6

中国国家版本馆 CIP 数据核字 (2024) 第002191号

究竟是青春 鲁迅的留日七年 (1902—1909)

JIUJING SHI QINGCHUN LUXUN DE LIURI QINIAN（1902—1909）

作　　者	姜异新
出 版 人	董素山
策　　划	汪雅瑛　康瑞锋
责任编辑	张　畅
特约编辑	孙旭宏
装帧设计	周伟伟

出　　版	河北出版传媒集团
	河北教育出版社 http://www.hhep.com
	（石家庄市联盟路705号，050061）
印　　制	河北鹏润印刷有限公司
排　　版	张　珍
开　　本	880mm×1230mm　1/32
印　　张	7.25
字　　数	128千字
版　　次	2024年1月第1版
印　　次	2024年3月第2次印刷
书　　号	ISBN 978-7-5545-8242-8
定　　价	48.00元

序

姜异新

鲁迅给人的印象仿佛是没有过昂扬的青春——读书是辍学的，婚姻是包办的，工作是孤闷的。

第一篇现代短篇小说《狂人日记》发表时，蛰伏绍兴会馆的他，已经37岁。当许广平走进他的生活，他已经45岁。爱情来得太迟。

创造社的年轻文人又毫不客气地冠以"老"字，让他一度成了追悼没落封建情绪的落伍者，一个"记性真长久"的"老年人"！

鲁迅本身的文字也很少充满青春激越。即便是《朝花夕拾》中偶尔闪现的激情之光，也在时时反顾的叙事踌躇中渐次暗淡。

于是乎，一代代读者心目中的鲁迅固化为时而"横眉冷对"，时而"醉眼陶然"的老先生，无论如何都带着迟暮之感。正如其在《野草·希望》一文中所抒发的，"没有爱憎，没有哀乐，也没有颜色和声音。"

然而，果真没有吗？

> 我早先岂不知我的青春已经逝去？但以为身外的青春固在：星，月光，僵坠的蝴蝶，暗中的花，猫头鹰的不祥之言，杜鹃的啼血，笑的渺茫，爱的翔舞。……虽然是悲凉漂渺的青春罢，然而究竟是青春。

是啊，究竟是青春。当鲁迅在北京西三条21号"老虎尾巴"内，写下这篇散文诗时，仰看流云的天空已非明治日本的天空，然而，他所看到的未必不是年轻时的心灵悸动，他血液中奔腾的也一定仍是那东京时代未竟的文艺梦。

更何况，发表于《河南》的《摩罗诗力说》等五篇文言文章，便是鲁迅居住于此期间整理收入杂文集《坟》的，且由暂住南房会客室西间小屋避难的北京女子高等师范学校学生许广平抄写。

这是他们爱情的见证。

那些"也曾充满血腥的歌声：血和铁，火焰和毒，恢复和报仇。"定会在重新校订这些文本的时候，再次涌上心头，清晰如昨，状在目前。

当"究竟是青春"浮现于我的脑际，便有了鲁迅留日七年传记题目的时间维度，而对主人公文学感遇的凸显，则宣明了此作的文脉。

鲁迅少时喜读宝书《山海经》，这部上古地理学著作提示我们不该忽视其后文学中的地理潜文本。二级标题"弘文学院：'身外的青春固在'""仙台医专①：一掷'身中的迟暮'""东京，东京：'愿有英俊出于中国'"，在延续文学感遇的同时，聚焦地理空间。

"东京也无非是这样"——地理学维度别致地转换在鲁迅有关日本的文字当中，产生了强大的修辞力量，牵引出多少曾经这样那样的念想，东京容颜不可思；《〈月界旅行〉辨言》那不被关注的副文本——"译者识于日本古江户之旅舍"，又透露出多少于明治东京探寻江户残影的执着多情；而自传中的"再到东京"，一个简单的副词"再"，则突显和延展了东京的鲁迅特质。为之，"东京，东京"

---

① 仙台医学专门学校的简称，以下统称"仙台医专"。

两字叠用，是一次次闪现，一次次召唤，更是对鲁迅两度东京就学的强调，同时有一种紧迫感。回望在此孤注一掷投身的翻译事业，曾经如何为了一字之妥帖，殚精竭虑，岁月笔端。舍此奋斗，便无后来的英俊出中国。

间中，著名的弃医从文是如何展开的呢？

> 我就往仙台的医学专门学校去。从东京出发，不久便到一处驿站，写道：日暮里。不知怎地，我到现在还记得这名目。其次却只记得水户了，这是明的遗民朱舜水先生客死的地方。仙台是一个市镇，并不大；冬天冷得利害；还没有中国的学生。

> 到第二学年的终结，我便去寻藤野先生，告诉他我将不学医学，并且离开这仙台。（《藤野先生》）

一个简单的代词"这"，让索居之仙台如此的生动可感。东京、横滨、水户、仙台，它们不仅仅是一个个地标，而是唤醒主人公青春记忆的文化符号，融入了鲁迅对文学品质的不懈追求，成为其创造出的新的文学空间。

更重要的是，"到东洋去"后，无论是家国情怀，还是忧患意识，在后来的鲁迅那里，都化为了文学表达，正是其不凡的诗学创造力将作者与读者的精神纽带永远绾结在一起。

鲁迅的东京，鲁迅的上野，鲁迅的日暮里，鲁迅的仙台，从此让众多读者与之共有，为之动容。

本书主体内容和附录相互呼应，从文学传记、学术论文、策展笔记三个不同文体来考量鲁迅的留日七年，分别注重文学性、学术性、视觉性。不同文体共同编织历史的好处是可以互鉴，避开写作规则的局限。状写一次生命经验，探讨一个学术问题，呈现一种视觉效果，多维表达或可使作为留日生的鲁迅形象有浮雕的立体效果。

鲁迅传记卷帙浩繁，讲述一位人生经历早已广为人知的文学大师的故事，还有未曾走过的新路径吗？几乎没有。然而，怎么去讲，在每个人那里似乎永远都可以不重复。不妨追随自己的心灵走一遍别人的人生。而力争所呈现的世界就像从鲁迅本人的眼中所看到的一样，是我避免行文程式化的美学目标。

在文字丛林里寻幽探胜，自然会收获绝佳的阅读体验，最好是手持一份鲁迅在日本的行迹图，浸润于心声洋溢的鲁迅文学，置身更为广阔的文化象征之地，自己也仿佛成了行旅文人，不是别有一番滋味吗？更何况，鲁迅虽希望自己的文字速朽，却成就了不朽的世界经典，这样的文学生命力难道不是永恒的青春吗？

　　青春是行走的，恰如鲁迅文学是行动的文学。就让"会稽山下之平民，日出国中之游子"带领我们行走文化地理，神游文学空间，通过这种方式，无论是身外青春固在的鲁迅，还是文学青春永驻的鲁迅，将同时回到我们中间。

2023年8月13日

于北京莲花河畔

鸣谢：

本书图片由北京鲁迅博物馆提供

目　录

一

弘文学院：“身外的青春固在”

1902—1904

二

仙台医专：一掷"身中的迟暮"

1904—1906

三

东京，东京："愿有英俊出于中国"

1906—1909

　　1902年1月，尚未满21周岁的鲁迅，以一等第三名的优秀成绩，从南京江南陆师学堂附设矿务铁路学堂毕业，获得清政府颁发的矿务铁路学堂毕业执照，并成功获批官派留学日本的资格。这资格是什么呢？南洋矿路学堂毕业生奏奖五品顶戴。这个听上去有些奇怪的新式名目，是专给那些在科举制度中没有取得功名的人设立的，作为对新式学堂毕业生及科举名落孙山、中途弃考之辈中优秀者的褒扬。那么，是谁派的？两江总督刘坤一。当时的官费有多少？年款400日元，每月约33日元。

　　鲁迅从此开启了七年多的留日模式。

　　留学七年，由语言预科到大学毕业，找到自己喜欢的专业，应该不成问题。然而，鲁迅拿到的不是学历，而是学力。以仙台相隔，前后两个东京遥望，将鲁迅21—28岁的留学履历截为三大段：1902年至1904年，弘文学院；1904年至1906年，仙台医专；1906年至1909年，独逸语（德语）专修学校。

其间，鲁迅曾经逗留的地方还有伊豆、松岛、箱根、水户、横滨和长崎。其间，他必须直面的还有学运、暗杀和战争，其间，他还顺便结了个婚。

一

弘文学院："身外的青春固在"

1902—1904

1902年3月24日，鲁迅由江南陆师学堂总办俞明震带领，离开南京下关码头，搭乘日本邮轮"大贞丸"抵达上海，下榻老椿记。29日在上海换乘"神户丸"。三等舱里的他，行囊中装了三种书：《科学丛书》《日本新政考》《和文汉读法》。同行的还有五名同学，张邦华（字协和）、伍崇学（字仲文）、顾琅、徐广铸、刘乃弼。4月4日，他们在日本横滨登陆，后乘火车抵达东京，投宿于麹町区平河町四丁目三番地三桥旅馆。7日，鲁迅在给周作人写信时，还说要入成城学校就读，又过了十天，终于到弘文学院安顿了下来。正是这十天间，弘文学院刚刚正式获准成立。

半个月的旅途中，鲁迅写下《扶桑记行》一卷，曾于4月13日寄给周作人，现在已经见不到了。

弘文学院曾用名亦乐书院，也曾被叫作宏文学院。校长嘉纳治五郎，学监大久保高明，教习江口。嘉纳治五郎是个有眼光的教育家，在促成中国第一次留日学潮史上具有不可忽视的作用。他曾经到中国认真考察过现实国情、教育观念以及留日学生潜在群体的情况，经过一番详尽的实地调研，于1902年创建了弘文学院这所语言预备学校，专门收录中国留学生，办学理念在私立教育学校里相当自由开放。

鲁迅成为弘文学院创立后的第一届中国留学生。

弘文学院外景

第一学年

1902 年 4 月—1903 年 7 月

　　弘文学院的校舍位于东京牛込区（现在的新宿区）西五轩町三十四番地，这里流萤生花，远离尘嚣。美丽的神田川在校门前静静流过，直到御茶水，那里正是孔庙。刚开学不久，学校组织的大型活动就是去祭孔，这让鲁迅一惊就是三十多年。1935 年，于《在现代中国的孔夫子》一文中，他用日语犀利地发问：“然而又是拜么？”

　　鲁迅最初名列弘文学院两年制速成普通科江南班矿山科，成为 1902 级 56 名新生中的一员。矿山科出现在公函中，意谓为学习矿学而派遣来日的“矿务毕业学生”，也就是外务省委托弘文学院院长予以教育的“矿务学生”。

不过，鲁迅所在矿山科使用的教科书因没有矿物的独立分类而归于博物类，并纳入普通科管理。同学年龄从16岁到33岁不等，平均年龄24岁。21岁的鲁迅在那时看来不算大龄。同学队伍出身复杂，有八旗子弟，也有举人、拔贡生、监生等考取过科举功名者。学监是姚文甫。

当时，学校里约有500名中国留学生。整个日本的中国留学生也不过608名。在鲁迅的笔下，上野绯红如轻云的樱花树下，他们成群结队，"头顶上盘着大辫子，顶得学生制帽的顶上高高耸起，形成一座富士山。也有解散辫子，盘得平的，除下帽来，油光可鉴，宛如小姑娘的发髻一般，还要将脖子扭几扭。实在标致极了"[①]。然而，日本小孩子见了，却呼之"锵锵波子"。

课堂内外

弘文学院每学年分三个学期，自9月11日至12月24日为第一学期；翌年1月8日至3月31日为第二学期；4月8日至7月31日为第三学期。4月抵达的鲁迅显然为1902级的春季入校生。弘文学院采用寄宿制，一间宿舍住六名学生。

---

① 鲁迅.朝花夕拾·藤野先生 [M]// 鲁迅.鲁迅全集：第2卷.北京：人民文学出版社，2005：313.

学费每学年300日元，可分一个月或数个月分期付款。医药费由学院负担，病情较重的学生则由保证人领回，费用自理。

授课日数每学年为43周，授课时数每周33个学时。每周最少要学日语12个学时，多时达到每周27个学时。对于科学科目的学习，鲁迅印象深刻。他后来回忆："三泽力太郎先生教我水是养气和轻气所合成，山内繁雄先生教我贝壳里的什么地方其名为'外套'。"[①] 由课程表可见自然科学课程有理科示教、理化学、动物学、植物学等等。大体相当于日本旧制中学的内容，应视为完全教育，而非预备教育。

鲁迅严格遵守作息时间，上午六时起床，六时半行礼，七时早餐，九时至十二时自习，正午午餐，下午一时至五时上课，五时半至九时入浴，九时半行礼，十时熄灯。

鲁迅不仅学习刻苦，还积极参加社团活动，交朋友、习柔道、跑书店、广阅读、译作品，每天能量满载。

在日语老师松本龟次郎的怀想中，课堂上的鲁迅听讲专注，反应敏捷。松本是"二战"前日本对中国留学生进行日语教育的开拓者。一次课上，他要求把助词"に"改

① 鲁迅.且介亭杂文二集·在现代中国的孔夫子 [M]// 鲁迅.鲁迅全集：第6卷.北京：人民文学出版社，2005：326.

成汉字，相当于汉字的"于"或"於"，要写板书。有同学说，不必写"于"或"於"两个字，只写其中一个就行。当时松本并不知道中文里二字发音是相同的，听说没有区别，就确认用一个字。结果立即受到一些人的反驳，他有些不知所措。见此情景，鲁迅起立发言，温和地指出，在汉语里，"于"或"於"并不完全相同，只是在相当于日语的"に"时，由于是同音同义，不管写哪个都行。听了鲁迅的解释，松本深觉有必要与中国人一起研究汉字的使用方法。后来，他编写《日语日文科教材》，便采纳了鲁迅的意见，将其提供的情况作为例句使用，如问："君由何年留学於敝国乎？"答："我从贵国明治三十五年四月留学。明年我弟亦将来日本。"上述回答，完全符合鲁迅的生平经历。而鲁迅还于1934年参与翻译了《日语助动词助词使用法》（许达年编）。

校长嘉纳治五郎不仅是一位优秀的教育家，他还于1882年创立了讲道馆柔道。后来，这种柔道又为学校以及警察等采用，逐渐向全国乃至海外普及，最终成为奥运会正式比赛项目。

1903年3月，嘉纳开始在弘文学院指导中国留学生学习柔道。接受指导的留学生名册上赫然有"周树人"的名字，另外还有32名自愿参加者，成为分场的第一批门生。鲁迅于3月10日签署的誓约，总共有五条：

第一条，今入贵道场接受柔道教导，绝不任意中辍。

第二条，绝不做一切玷污贵道场声誉之事。

第三条，未经许可，绝不泄露机密或向外人显示。

第四条，未经许可，绝不擅自传授柔道。

第五条，进修期间，自当坚守各项规则，并在取得许可证书之后，从事传授时，绝不违反各项规约。[①]

据说鲁迅已经熟练掌握了中拂、内服、站立摔、诱摔、擒拿技等多种技法，是当时33人中的佼佼者。这种以对方之力治敌的柔韧功夫，之后将进入现代文学巨匠鲁迅的笔战生涯。

正式入学后，鲁迅也许会患思乡病吧，不过，他在6月8日很兴奋地给家里寄了三张照片，其中一张背面题诗曰：

会稽山下之平民，日出国中之游子，弘文学院之制服，铃木真一之摄影，二十余龄之青

---

① 江小蕙.鲁迅学习柔道及其他[J].鲁迅研究动态，1982（2）: 18—20.

《柔道入门誓约书》上周树人的签名并盖
有"存诚去伪"的印章

《讲道馆牛込分场修行者誓文》封面

年，四月中旬之吉日，走五千余里之邮筒，达
星杓仲弟之英盼。兄树人顿首。[①]

正是英姿勃发、豪情满怀，这首诗记在周作人的日记
中，可惜照片已不存。

鲁迅的课外生活是怎样的呢？

"凡留学生一到日本，急于寻求的大抵是新知识。除
学习日文，准备进专门的学校之外，就赴会馆，跑书店，
往集会，听讲演。"[②]他在去世前两天写的一篇未完稿中这
样告诉我们。

中国留学生会馆，1902年成立于东京，馆址设在神
田区骏河台铃木町十八番地，是中国留学生的会议场所、
讲演场所、日语教室和俱乐部，也是策划全体留学生活
动、议定公共事务的机关，更是留学生书刊的翻译和出版
总部、经销处。会馆有明确的章程，来自中国的视察人员
抵日时，也会循例会晤这里的干事。这个两层建筑物的二
楼是日本语讲习会教室，有时晚上也教跳舞。鲁迅笔下那
些顶着富士山一样的学生制帽、成群结队赏樱花的标致人

物，便也会来到这满屋烟尘斗乱中，"咚咚咚"地让地板响得震天。而其中更加会享受者则陶醉于路远迢迢，跑来东洋炖牛肉吃，大有步入"文明开化"之列的自豪感。

鲁迅却是喜欢安静读书，他向周作人推荐严复新译的《穆勒名学》，是讲形式逻辑的。他还买了不少日文书籍，藏在书桌抽屉里，如拜伦的诗、尼采的传、希腊神话、罗马神话等。还有一本日本印行的线装本《离骚》。

《离骚》是一篇自叙和托讽的杰作，《天问》是中国神话和传说的渊薮。"

"最喜欢朗诵哪几句呢？"许寿裳问。

"朝吾将济于白水兮，登阆风而绁马。忽反顾以流涕兮，哀高丘之无女！"

当然鲁迅不只购买文史书籍，他自小喜欢动植物，这时便购藏了三好学的《植物学》两厚册，其中着色的插图很多。

读书读累了，鲁迅便点上一支"敷岛"牌香烟，更多时候是廉价的"樱花"牌，译作"杀苦辣"的，吐吐烟圈，放松神经。宿舍抽屉里少不了鸡蛋方糕和花生米，饿了便吃一点，补充能量，也曾邀舍友沈瓞民去日比谷公园啜茗吃果子（日式点心）。从小就是"牙痛党"的他，为此会去长崎寻牙医，刮去牙后面的"齿垽"来止血。

国民品性

　　许寿裳是秋季开学报到的，没有拖着辫子来，到东京的头一天就剪掉了头发。许寿裳考取的是浙江官费生，被编在浙江班，后来与鲁迅所在的江南班合并。二人的自修室也相邻，既是同乡，后来便常常一起谈天，最常探讨的就是国民性和"最理想的人性"问题。

　　一、怎样才是最理想的人性？

　　二、中国国民性中最缺乏的是什么？

　　三、它的病根何在？[①]

　　这种围绕国民性的讨论在留日学生中间是相当普遍的，最著名的是1902年底，嘉纳治五郎校长与杨度之间那场颇受关注的议论。而鲁、许二人关乎此探讨的结论是，中国人最缺乏"诚"与"爱"。与这一代留学生大受其影响的梁启超所集中批判的奴性相比，此概括更加深入民族集体无意识层面，乃至人性的根本处。据说，1903年成为"国民性（nationality）"这一由甲午战争到日俄战争十年当中开始被广泛使用的词语进入汉语的元年。明治日

---

① 许寿裳.亡友鲁迅印象记 [M].桂林：广西师范大学出版社，2010：23.

本的思潮席卷也好，美国传教士史密斯《中国人的气质》影响深远也好，涩江保的翻译及时也好，还有更多……它们统统进入了鲁迅的文化视野，沉淀为知识结构，此后，亦将弥漫在中国新文学独特的叙事主旨中，以超越于梁启超政治小说的新文学主体性，培养了一代代同样主体觉醒的读者，并以"遵将令"的表述为人们所牢记。而鲁迅将以中国新文学之父的身份在中国现代小说中控制其思想深度与美学情境，尽管他最焦虑的莫过于在小说中构建观念。然而，在长期被他人代言和讲述的情况之下，新起的文化人一时间有很多话要说，是理所当然的。弘文学院时期的"国民性三问"，后经许寿裳的回忆，而成为中国现代思想研究的权威资料来源与回响。鲁迅的确为之思考了一生，更以其最犀利、最清醒、最深刻的反思精神，最接地气的大众情怀，引领与统摄了之后不断兴起的、形形色色的现代中国思潮。

剪辫归乡

拖着长辫练习柔道，或参加运动会，想必均十分不便。当然，最主要的还是排满思潮之汹涌，鲁迅不顾学监以停发官费相威胁，于1903年3月间，毅然剪去了辫子，成为江南班第一个断发的留学生。

鲁迅断发照

剪辫后的鲁迅，兴奋地来到许寿裳的自修室，难掩喜悦之情。

"阿，壁垒一新！"

鲁迅以手摩顶，二人相视一笑。此情此景，成为永不磨灭的青春记忆。

剪辫后的鲁迅非但受到留辫学生的耻笑，更受到监督姚文甫的斥责，扬言要将之遣送回国。

鲁迅毫不理会，待到留辫时被刮光的囟门至前额的头发略微长出，即于4月中旬拍了一张断发照，寄给家人，赠予朋友，后来在照片背面又题写了一首诗曰：

灵台无计逃神矢，风雨如磐暗故园。寄意寒星荃不察，我以我血荐轩辕。[①]

这就是广为流传的爱国名篇、许寿裳题名的《自题小像》。

1902年的暑假，是鲁迅留学日本的第一个暑假。遵照学校安排，他参加了赴伊豆伊东的避暑旅行，因为刚来日本三个月，应该不会立马回国探亲。1903年的暑假，

---

① 鲁迅.自题小像 [M]// 鲁迅.鲁迅全集：第7卷.北京：人民文学出版社，2005：447.

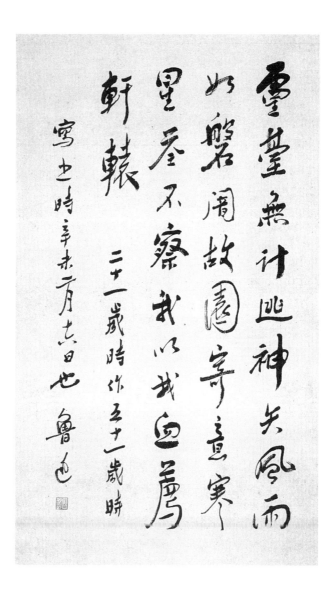

灵台无计逃神矢，风雨如磐闇故园。寄意寒星荃不察，我以我血荐轩辕。

二十一岁时作　五十一岁时写也　时辛未二月十六日也　鲁迅

《自题小像》，此为 1931 年 2 月 16 日重录赠友人手迹

马上年满22岁的他，熬过一年的异域寂寞，终于回国度假了，哪知一到上海便不得不买了假发辫装在头顶。暑假期间，刚好"《苏报》案"发，章炳麟被捕，邹容投案，查办指挥正是带领鲁迅去日本的原江南陆师学堂总办俞明震，此时为江苏候补道。而邹容正是在弘文学院时带头捉奸姚文甫，强行剪掉其辫子挂在留学生会馆里示众，而被遣送回国的那名自费留日生。鲁迅此时读了《革命军》受到极大的震动，更加坚定了民族革命的决心。

9月7日，鲁迅与周作人一起乘乌篷船，冒雨离乡赴杭州，曾去《杭州白话报》报馆与汪素民等见面。周作人到南京水师学堂继续读书，鲁迅则于13日由上海出发赴日，20日左右抵达东京。

第二学年

1903 年 9 月—1904 年 4 月

　　1903年对于留日学生来说，是屈辱的一年。4月，俄国撕毁中俄《交收东三省条约》，提出关于撤兵的七项无理要求，留日学界舆情愤懑，革命思潮汹涌激荡。由留日学生五百余人组成的拒俄义勇队致函袁世凯，要求奔赴中国东北前线，抵御外侮，义愤之情溢于言表。《浙江潮》"留学界记事"栏全文刊载了此函。在而后以日本陆军士官学校学生为首改组的学生军队伍名单中，可见许寿裳分在乙区二分队、黄兴分在乙区三分队。一时，留日学生制服竟似成了革命军制服。鲁迅并没同好友许寿裳一起签字报名参加拒俄义勇队。7月，日俄开战（1904年2月8日）

鲁迅与绍兴籍留日同学合影，1903 年摄于东京。后排右为鲁迅，左为许寿裳；
前左为邵明之，右为陈仪

前夕的气氛已相当浓郁，开战论如同雪崩一般，鲁迅必看的《东京朝日新闻》成为主战论的阵地。与此同时，他站在被压迫民族的立场上尽量客观地观察日本及日本人，也尽最大努力通过阅读日译俄国文学作品去深入了解俄国。

青年习作

浙江是开风气之先的地方，1902年秋，在日留学的浙江籍学生便已达101人，彼时的在日留学生乡党观念强，浙籍学生很快便在东京组织了浙江同乡会，同乡们将辫子盘起塞进帽子里照了张合影，鲁迅亦不例外。

1903年2月，浙江同乡会编印了著名的《浙江潮》杂志，刚开始为杂志取名的时候，温和派如章宗祥、吴振麟主张的名称是"浙江同乡会月刊"之类，激进派如蒋百里和孙翼中大加反对，主张以"潮"字来做革命浪潮汹涌的象征。起初由孙江东、蒋百里二人主编。蒋百里撰写《发刊词》："忍将冷眼，睹亡国于生前，剩有雄魂，发大声于海上。"内容主要是宣传民族主义革命思想，封面画风中涌起的巨浪，似出自日本画家之手。至同年12月停刊，杂志共出版10期，先后有五十多位作者撰稿。

《浙江潮》创办伊始，鲁迅就热切关注这本杂志。其刊登的章太炎狱中诗四首，最为鲁迅所爱诵。《浙江潮》

浙江同鄉會攝影

浙江同乡会合影（第四排左起第十四人为鲁迅）

的作者群多数来自杭州求是书院，有着同样背景的许寿裳极易与其同人打成一片，很快便成为《浙江潮》编辑群体的一员，于是马上向鲁迅约稿。鲁迅一口答应，隔天便完成一篇《斯巴达之魂》，许寿裳安排在第5期、第9期发表，署名"自树"。在有些研究者看来，鲁迅的第一篇小说不是《怀旧》，而是《斯巴达之魂》。

公元前480年，为抵御波斯军队入侵，斯巴达三百勇士激战两天，殊死战斗，直至全军覆没。鲁迅读这段历史，为其凛凛生气激励，于是择选编译了这一故事，所书前言与拒俄义勇队给清政府的信件精神一致，显然受到直接启

《浙江潮》封面

发。特别是其塑造了巾帼英雄涑烈娜的形象，被认为是鲁迅的原创，乃希腊女性的中国式想象，高丘理想之神女。文章一经发表，在同学当中便引起了很大的反响。沈瓞民在事隔五十年后仍清晰地记得"世有不甘白下于巾帼之男子乎？必有掷笔而起者矣"这段公认的妙句如何被加上了圈点，传诵一时。该期杂志再版5000册，发行量催人奋进。

激励中华民族的尚武精神，是戎马书生时期的鲁迅胸中时刻涌动的爱国情怀。这种爱国情怀还体现在以科学救国，那时所能做的是积极译介科学知识的文章。《说镭》便是非常重要的一篇，"镭"即"镭"，在这篇最早向中国介绍居里夫人的文章中，鲁迅称镭的发现是"辉新世纪之曙光，破旧学者之迷梦"①。

1903年，鲁迅还做了一件划时代的事情，即与后来就读于日本东京帝国大学矿化专科的顾琅编著《中国矿产志》一书。鲁迅还撰写了不少地质学的学术文章，《浙江潮》第8期便发表了他的《中国地质略论》，这是我国最早系统介绍本国矿产的科学论文。针对政府出卖主权，列强掠夺我国资源的现状，鲁迅疾呼："中国者，中国人之中国。可容外族之研究，不容外族之探捡；可容外族之赞叹，不容外族之觊觎者也。"该期杂志同样出版了5000册。鲁迅的地质学手稿留有若干，包括翻译的矿石名称。当为"改造国民性"而"文学"的人生涤荡了它的全部沉滓，地质学手稿宛如一块块崭新的水晶，璀璨地闪烁在文学家鲁迅后来被展望的生命旅途之始。

中国人是从鲁迅那里知道法国文豪雨果的，1903年6月，鲁迅参考了森田思轩（1861—1897）所译《雨果小品》（1898年）中的《随见录·芳梯的来历》一文，率先翻译

---

① 鲁迅.说镭[M]//鲁迅.鲁迅全集：第7卷.北京：人民文学出版社，2005：21.

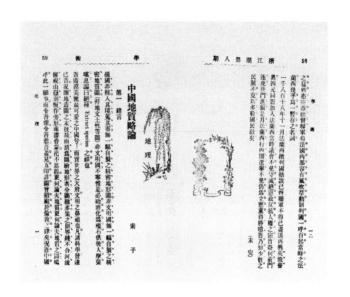

《浙江潮》第八期发表鲁迅撰写的《中国地质略论》

了《哀尘》，成为其译作中第一部外国文学作品。

鲁迅加入《浙江潮》作者队伍，恰恰是“《苏报》案”发生前后，以及东京拒俄、拒法运动引发清政府采取镇压行动之时，将革命热情和文学追求紧密结合在一起，是鲁迅参与革命的独特方式，同时也显示了他的勇气和胆识。

以上五篇署名“索子”“庚辰”“自树”的文章，是一百年前一名大学预科生的习作，是个人精神史迈向近代的少作，也是填补中国历史空白的力作，具有开拓性意义。

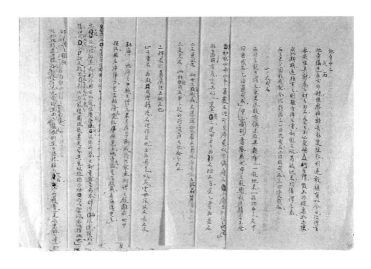

鲁迅翻译矿石名称的手稿

鲁迅有关地质学文章的手稿

译介科幻

"广搜日本书而读之"的鲁迅最先喜欢上的是科幻小说，他如饥似渴地研读了梁启超翻译的《十五小豪杰》《海底旅行》，体会到叙事文学施与的魔法，读着读着，脑海里便冒出吐半口血扶看秋海棠的才子，今日闻鸡生气、见月伤心，明日中了状元、佳人封一品夫人……负笈东洋前，在故土饱读了多少野史笔记、志怪闲话，如今看来统统都是在伦理道德里打转转，玩一些瞒和骗的文字游戏。然而，此时的鲁迅还没有明确的目标，看到什么都想读，哪怕囫囵吞枣。"初学日文，文法并未了然，就急于看书，看书并不很懂，就急于翻译。"[①] 壁垒一新的不只是剪辫后手摩头顶的轻松，还有大脑的观看之道。

鲁迅决心翻译科幻小说，激发国人积极探索宇宙万有的精神和大胆的想象力，至少自己的弟弟们应该读。他从日文转译了法国著名科幻小说家儒勒·凡尔纳的小说《月界旅行》与《地底旅行》，也就是《从地球到月球》《地心游记》。他重新审视自以为知道的国内故事，比如《三国演义》，开始逆文学潮流而上，深入回顾中国文学史。

---

① 鲁迅.集外集·序言[M]//鲁迅.鲁迅全集：第7卷.北京：人民文学出版社，2005：4.

《月界旅行》封面

日益上手的日语为鲁迅带来了一个崭新的世界。不过，这主要还是在汉语的引领下，特别是梁启超在《新小说》等杂志上翻译的外国文学作品，点燃了他对科幻小说、对雨果作品阅读和翻译的热情。当通过日语阅读外国文学作品时，内心中的文学已经由中国传统的文章内涵潜在地发生了转换，特别是在明治东京这个特殊的时空来建构基于国民之上的世界想象时，对于文学的理解业已逐渐接近了西方自主性的文学内涵，同时又带着追求民族新生的鲜明色彩。

明治时期的日本乃中西文化汇通、世界文学窗口敞开地之一，比如，1903年在纽约发表的路易斯·托仑（Louise J. Strong）的小说《一个并非科学的故事》（*An Unscientific Story*），几个月后就被译成日文，不但在《东京朝日新闻》上连载，还发行了含该作第一部分的系列合集《泰西奇闻》。这是一个科学家创造的"人芽"活了，最后又自我毁灭的故事，它质疑的是科学万能、怪物吃人。日本人原抱一庵却只节译了英文小说原作的前两节，到"人芽"活了，科学家激动不已，赞叹创造为止。题目也改成了《造人术》。结果，这个被"豪杰译"的故事激动了鲁迅的心，迅速据日译本译成汉语，尽管三年后才以索子的笔名在《女子世界》第4、5期合刊上发表，但科学取代上帝、人定胜天的科学启蒙精神自此激动着中国知识界。实际上，英文原作就是个吃人的"吸血鬼"系列的经典之作，至今仍广为流传。

初度东京的翻译实践不仅增加了鲁迅的见闻和学识，更让其思想逐步走向成熟。当动笔开始翻译，就要了解故事所发生的时代背景及所处的国情和历史文化，并且只有更深入地走进作者的精神世界，才能翻译得更加贴切。这些复杂精微的语言实践经验对于鲁迅的文学探索之旅而言，异常珍贵。

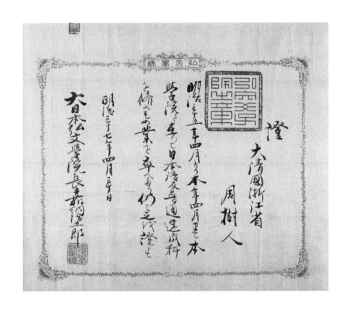

鲁迅在弘文学院的毕业证书

毕业升学

经过两年的学习，1904年4月30日，鲁迅在弘文学院顺利毕业。一般来讲，速成普通科也是三个学年的学科规划，而鲁迅就读的则是两年制速成普通科，可谓日本速成教育模式里的速成个案。

毕业证书上写着：

证（弘文学院章）

鲁迅在弘文学院的毕业照

大清国浙江省

周树人

明治三十五年四月至本年四月在本学院学

习日本语及普通速成科毕业以证

明治三十七年四月三十日

大日本弘文学院长嘉纳治五郎（印）

毕业照上的他风华正茂、朝气蓬勃。

语言关已过，面临修习专业的选择。尽管根据清廷指定，鲁迅可以入东京帝国大学工学部采矿冶金专业，但实际上，并不是那么容易操作。有老师建议鲁迅改学医学。鲁迅也深感新的医学对日本明治维新有很大的帮助，应该拯救像父亲那样被庸医误治的国人，通过新医学的运用和传播，提高国人对维新的信仰。

　　我的梦很美满，预备卒业回来，救治像我父亲似的被误的病人的疾苦，战争时候便去当军医，一面又促进了国人对于维新的信仰。①

---

① 鲁迅.呐喊·自序 [M]// 鲁迅.鲁迅全集：第1卷.北京：人民文学出版社，2005：438.

当时，东京的中国留学生们正在筹划将拒俄义勇队改为军国民教育会，打算借日俄战争之机发动武装起义，推翻清朝的统治。

据许寿裳说，鲁迅学医还有一个幼稚的想法，那就是梦想着能够解放"三寸金莲"，让中国女子的缠足恢复到天足模样。在《藤野先生》中，鲁迅将会安排这位黑瘦的解剖学教授向其探究中国女人的裹脚是怎么个裹法，足骨变成怎样的畸形，让这位尊重中国文化的八字须老师在抑扬的语调之后，来一声无奈的叹息："总要看一看才知道。究竟是怎么一回事呢？"

当然，鲁迅自己有关缠足的思考将加深新文化批评的彻底性，在《新青年》上，他会充分发挥这个观点："至于缠足，更要算在土人的装饰法中，第一等的新发明了。""世上有如此不知肉体上的苦痛的女人，以及如此以残酷为乐，丑恶为美的男子，真是奇事怪事。"（《热风·随感录四十二》）"女人的脚尤其是一个铁证，不小则已，小则必求其三寸，宁可走不成路，摆摆摇摇。"（《南腔北调集·由中国女人的脚，推定中国人之非中庸，又由此推定孔夫子有胃病》）他还会在《范爱农》里让税关的关吏在留日生的行李中，"忽然翻出一双绣花的弓鞋来"；在《风波》中让新近裹脚的小姑娘六斤，"在土场上一瘸一拐的往来"；在《离婚》中放大爱姑那有着"两只钩刀样的脚"。

又据孙伏园说，学医的原因还有少年时代牙痛的折磨，试尽中医验方，从未治愈，所以想学医也还"挟带些切肤之痛"。

总之，生命之谜曾给年少的鲁迅带来种种困惑，而为了解决这些困惑，他实际上是带着人文精神与科学精神的双重追寻去习医的。

无论怎样，明治日本的教育现状是医学教育最发达，与德国几无差距，胜过英、美、法诸国，医学学校的数量也最多，对留学生没有什么限制，门槛比较低。医学专门学校的学制是四年，尽管没有医学学士学位，但相对可以缩短留学时间，况且毕业后有行医的资格。

那时候，日本的医学专门学校只有位于仙台、金泽、千叶、冈山、长崎等市的五所，是从旧制高中的医学部分离出来的。那"镇日唱言革命"、废学忘寝的东京留学生群体，让鲁迅敬而远之。

"到别的地方去看看，如何呢？"谁不曾有过独行侠的梦想？

金泽医专的学长告诉鲁迅，要想去一个没有中国留学生的医专，只有东北部的仙台了。

1904年5月20日，仙台医专收到中国公使杨枢的一份照会，内容是弘文学院毕业的"南洋公费留学生周树

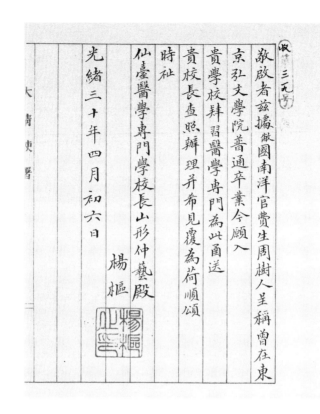

敬啟者兹據敝國南洋官費生周樹人呈稱曾在東

京弘文學院普通卒業今願入

貴學校肄習醫學專門為此函送

貴校長查照辦理并希見覆為荷順頌

時祉

仙臺醫學專門學校長山形仲藝殿

光緒三十年四月初六日　　楊樞

大清東署

清国驻日公使杨枢介绍周树人报考仙台医专的照会

人"希望报考贵校，请给予关照。实际上，仙台医专自1904年4月下旬起便开始在公报和报纸上刊登招生广告，从应试资格到考试日期都有详细说明，在东京地区四家报纸、东北各地七家报纸上都连续刊载了三天。仙台医专立即决定免试接收这位本校历史上第一位中国留学生作为入学志愿者，并于5月23日将录取通知书寄给杨枢，希望他转告学生本人于9月上旬来医专报到，并提交入学志愿书和履历书。

报名于6月5日截止，鲁迅用日文写就入学志愿书及

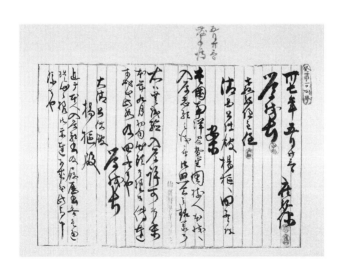

仙台医学专门学校复函文稿

仙台医专发给鲁迅许可入学、免交学费和入学金的正式通知

学业履历书，落款周树人，然后由友人蒋抑卮代章，于6月1日寄去了申请材料。

入学考试时间是7月4日至7日。如前所述，鲁迅并没有参加考试。按照日本文部省的规定，有驻外使馆的介绍信，有相当于日本初中以上学力水平的留学生，可以免试入学。

鲁迅当然具备上述条件，不但获准免试入学，学费也给免掉了。后来，鲁迅风趣地称之为北京的白菜到了浙江，福建野生的芦荟到了北京的温室——"物以稀为贵"，因之而受到优待。他很开心地拿这笔钱去买了块怀表。这

鲁迅申请仙台医专的入学志愿书

鲁迅的学业履历书

一年，报考医学科的考生为305人，考试仅录取了111人，录取率为36%。

仙台当地报纸《河北新报》于7月15日以《清国留学生和医学校》为题报道了医专录取鲁迅一事。而早在4月1日该报即在第一版发表《战胜后的日本》，狂妄自负地对于日俄开战日本获胜后的中日关系发表了社论："日本将于未来一世纪中，教导中国，使其得以沐浴近世文明之德泽，两国各因之享受显著之利益。"

7月19日，学校发放录取通知书，通知学生9月8日必须到校，以便提前做好找公寓、缴学费等事宜。

此前一周，鲁迅的祖父病逝于绍兴，尚在东京的鲁迅虽然已经拿到弘文学院的毕业证，但由4月到9月整整一个学期的时间用来申请仙台医专和埋头译书的他，并没有回国参加丧仪。

7月20日，《河北新报》第五版又登载了《仙台医专明治三十七年学生报名册》，因鲁迅是该校仅有的一名外国留学生，名字被列入其中第三〇六号，写明"原在东京私立弘文学院学习，清国人，周树人，二十二岁"。

鲁迅拿到了仙台医专的录取通知书，许寿裳拿到的是东京高等师范学校的录取通知书，专业是历史地理学科。8月，分别在即，鲁迅专门去拍了一张小照送给这位终身好友，并赠以自己珍藏的日本印行线装本《离骚》，

1904 年 8 月，鲁迅赠许寿裳的小照及背面题字

以示留念。

　　又有谁能够在22岁时把自己的全部人生想明白呢？未来在目前看来一切皆有可能。

二

仙台医专：一掷"身中的迟暮"

1904—1906

1904年9月1日，仙台医专向鲁迅发出关于许可入学和免缴学费、入学金的正式通知。

仙台和东京之间邮信本来只需要两天，可是这封信却大约用了14天的时间。1904年与往年非常不同，由于需要运送日俄战争参战的士兵，客车时刻不得不变更，普通货运列车全部被取消，所以，当录取通知书从仙台向东京飞奔的时候，鲁迅已经身在东京发往仙台的列车上。而1904年上半年，到达仙台站的货物量，已不满历年同期的三分之一，社会购买力大幅衰退。

告别同窗，告别刚刚熟悉的东京，独自一人踏上开往仙台的火车。此后，他将至少七次经过一个叫作日暮里的车站。对于鲁迅来说，经过的不是一个驿站，而是一处文化的乡愁。"日暮乡关何处是，烟波江上使人愁""日暮苍山远，天寒白屋贫""移舟泊烟渚，日暮客愁新"。中国古诗里的日暮，从来就与昂扬没有关系，这难道意味着要到仙台读个寂寞吗？作为东京府北丰岛郡的一个村庄，此地之前并没有车站，鲁迅入学仙台医专那年，刚刚设车站试营业，自此成为从上野到仙台的火车必经的地方，原先叫"新堀"，即新渠的意思，泛指新垦的田亩，也算名胜地区。"日暮里"的名字是按照谐音后改的，实际在日本汉语中的意思是"在此度过一天也不会厌倦的地方"，一种现代文明节奏昭示的诱惑感。

"仙台"在中国古代乃人间仙境的别称，"降仙台畔看云过""紫鸾飞起望仙台"，便是表达神往的诗句，而在日本战国时期，这个森林之地却没有如此诗意的名字，东北枭雄伊达政宗将之命名为"千代"。后来，"仙台"终以汉语之美取代了无味的"千代"，于20世纪初发展为拥有"两万户数，十万人口"的中等城市，居日本第11位。鲁迅后来很实在地告诉读者："仙台是一个市镇，并不大；冬天冷得利害；还没有中国的学生。"

　　有时候，地点既是事件发生的场所，也是故事本身。鲁迅不会想到，仙台，将成为其一生不断回溯的主题。

第一学年

1904 年 9 月—1905 年 7 月

如果仙台医专没有从仙台第二高等学校独立出来，鲁迅就不是这里的第一个中国留学生。然而，校舍位于片平丁（町）的仙台医专以挂两块牌子的方式独立了。于是，比鲁迅早来三年的二高学长施霖，便与他貌似无关了，尽管两人同在一处开学典礼，同进一个学校门，乃至同宿一处公寓。然而，施霖是留学失败的典型个案。除体操满分外，英文、几何、代数等课程都不及格，且两年均如此，先是留级，最后不得不退学，1907年转学到大阪高等工业学校应用化学科。

仙台医专的大门

阶梯教室

9月12日，星期一，上午八点半，二高开学典礼；九点半，仙台医专开学典礼，均在位于二高的礼堂举行，当时两校合用一个礼堂。外围环绕着稀疏草坪和小树林的礼堂是片平丁一带非常惹眼的高大建筑物，有三层窗户，夜间电灯通明。东京帝国大学医学部毕业、讲授外科学的山形仲艺校长在开学典礼上做报告，特别向新生讲述了在校期间的注意事项。

仙台医专与弘文学院一样，一学年也是分为三个学期，那么，就有寒假、春假、暑假三个假期。

9月13日，星期二，当仙台居民边吃早餐边看《东北新闻》，在第七版《清国留学生》一则了解到周树人同刚从东京转来仙台第二高等学校的施霖为伴，暂住在片平丁五十四番地的田中宅旅店的时候，这位三天前被同一栏目报道为"操着流畅的日语"的"愉快的人物"，已经精神焕发地出现在医专的第四号阶梯教室中。庶务科文书田总助次郎向同学们朗声介绍道："这是从中国来的学生周树人君！"

鲁迅向这位在学保证人深深鞠躬，向鼓掌的老师同学们深深鞠躬。然后坐到指定的位于教室前二、三排的中间

鲁迅与仙台医专同学们的合影（第二排右起第三人为鲁迅）

座位上。很快，他就会结识坐在后排的班长铃木逸太，前排的杉村宅朗。此时的他们还料想不到，仅一年半后便会与这位略显忧郁的中国男生合影话别。

课程表已下发，周一至周六都有课程，只有周日休息。每天六节课，自早七点开始上第一节课，每节六十分钟，节与节之间不休息，一节下课立即转移教室上另一节课，直至十二点钟结束上午的五节课。下午一点钟开始第六节课。午饭休息时间只有一小时。下午两点后自由活动。

新学期最初的授课叫"始业日"，满满当当的课程"奔逸至迅，莫暇应接"，因为当天是周二，课程没有从早七点开始，而是从早八点，也就是从敷波重次郎教授的组织学理论上起，第三节是佐野喜代教授的化学，第四节是六波罗奎太郎副教授的物理学，第五节是小高玄教授的独逸语（德语）。还好，日语教学鲁迅尚能领会。

终于午休，虽然只有一小时，是回公寓吃的盒饭，还是在学校东门晚翠轩牛奶店吃的面包，已未可知，只知道之后日本同学们会经常看到周君在牛奶店边啃面包边阅报。日俄战争新闻、有关公使馆一栏里的清政府动态是其关注重点。必经的樱小路上总会三三两两地走过穿着白大褂的三、四年级学长，他们正在临床教学医院——宫城医院接受实习训练。

最后一节课终于到了。下午一时，教室里来了一位黑

仙台医专医学科 1904 级第一学年第一学期课程表

瘦的先生，八字须，戴眼镜，挟着一叠大大小小的书，一进门就把教室门紧紧闭上，让鲁迅顿生紧迫感。之后他才知道，这位先生对时间抓得最紧，迟到的学生是不许进讲堂的。鲁迅自然一次也没有迟到过。此时的他必须按部就班，日夜颠倒以读书的习惯尚无条件可养成。

只见这位先生将书放在讲台上，用缓慢而很有顿挫的声调，扞口道：

"我就是叫作藤野严九郎的……"

后面有几个同学吃吃笑了起来。午后教室慵懒的气息及讲台上忽然代入的紧张感，均被些许冲散，鲁迅绷紧的神经暂且放松了一下，而后又更加提起了精神。

"解剖分腑之事，乃初学者入医之门而须臾不可离开者。"原来，那些大大小小的书便是从最初到当时的关于解剖学的著作。鲁迅惊奇地发现，其中还有线装本、中国翻刻译本，原来日本翻译和研究西医并不比中国早。

第一学期每周有8小时德语课程。明治日本时期，医学术语是德语，而不是国际通用语拉丁文。就读江南陆师学堂附设矿路学堂时，鲁迅便接触过德语，现在学习医学，更要全面系统地学习德语，"日必暗记，脑力顿疲"。一周三次体操课，以强壮体魄。只有保持充沛的精力，才能跟上紧张的学习节奏。

解剖学每周8到9小时，是任务最繁重的课程，学时占总学时的三分之一。第一学年是偏重理论知识的系统解剖学，由骨学开始讲授。敷波重次郎与藤野严九郎分任教师。敷波讲授骨学、韧带学、内脏学和感觉器学，藤野讲授肌肉学、血管学和神经学。据称，他们的讲授顺序脱离了同时代医学的授课体系，而这个特殊的顺序是由两人高度默契的相互配合来进行的。

第一学期组织学理论3个学时、化学5个学时、物理学3个学时、伦理学1个学时；第二学期组织学理论减去1个学时，其他无变化；第三学期不再修物理学，增加生理学7个学时。这样的课目构成是沿着当时已固定下来的西方医学学习方针制定的。对于鲁迅来说是崭新的领域。

　　繁重的医学课业使鲁迅无暇顾及越来越用心的翻译爱好，甚至文学阅读都要行将中断。然而，对德语的敏感超越了医学专业学习，就像对美术的敏感超越了解剖学图谱的绘制一样，即将在周树人精致的医学笔记中完美呈现。

藤野先生

　　鲁迅不会想到开学第一天最后一节课见到的这位被留级生取笑的藤野先生会成为其一生的怀念。很快，他就听到了更多关于藤野的趣闻与掌故。据说，这位先生冬天

藤野先生在研究室

只有一件旧外套，寒颤颤的，有一回上火车去，管车的人竟疑心他是扒手，叫车里的客人小心些。后来，鲁迅果然亲见藤野先生上讲堂没有戴领结。

那时的藤野不过30岁，比鲁迅只大七岁，刚刚评上解剖学教授，是1904级新生的副年级长。

年级长敷波教授却没有藤野那么古板，他不仅能用流利的德语授课，还可以"双手持粉笔同时画解剖图和讲义"，是一位学历高、水平高、收入高的明星式教员，后来他考取了公费赴德国留学。1905年11月6日，升入二年级的全体同学请小川照相馆的摄影师来学校，为欢送敷波教授在礼堂前合影。再后来，敷波教授从东北帝国大学医学部（仙台医专后身）转投冈山医科大学成为创校教授，开日本胚胎发生学之先河。

那时，鲁迅在笔记本上将他的名字写作 j.Hikinami（当为 Shikinami），据后来的日本研究者说，这是东京方言。

"解剖学是医学的基础，它教给我们身体的构造，所以医学和解剖学是分不开的，如果离开了解剖学，医学本身就不能成立。"这是每年学校举行解剖学尸体慰灵仪式，藤野先生致祭文时必讲的话。

开学不久后的一个周六，藤野先生派助手叫鲁迅去他的研究室，只见他坐在人骨和许多单独的头骨中间。那时，藤野正在着手写一篇研究头骨的论文，后来发表在本校的杂志上。

"我的讲义，你能抄下来么？"藤野先生发问了。

"可以抄一点。"鲁迅回答。

"拿来我看！"

鲁迅交出所抄的讲义去，藤野先生收下了，过了两三天便还给鲁迅，又说："以后每周交给我看。"

鲁迅答应着，拿回讲义后打开来看，顿时吃了一惊，一种不安和感激同时涌上心头。原来，讲义已经从头到末都用红笔添改过了，不但增加了许多脱漏的地方，连文法的错误，也都一一订正。

还未等鲁迅完全消化吸收这些批改，藤野先生又将鲁迅叫到研究室。这次是翻出了他讲义上一幅下臂血管的图，指着，仍用他那夹杂着浓重北陆口音的汉学腔调和蔼地说道："你看，你将这条血管移了一点位置了。——自然，这样一移，的确比较的好看些，然而解剖图不是美术，实物是那么样的，我们没法改换它。现在我给你改好了，以后你要全照着黑板上那样的画。"

鲁迅口头答应着，心里却想道：

"图还是我画的不错；至于实在的情形，我心里自然记得的。"

当时的仙台医专还没有教材和辅导书，图书馆藏书量不多，1905年的馆藏为西文书962册、西文杂志668册、

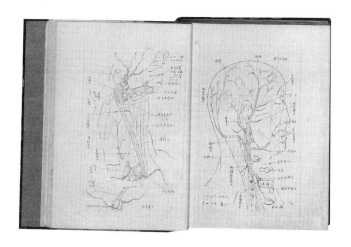

鲁迅的"脉管学"课堂笔记

日汉书籍651册。阅览手续非常严格，因而，学生必须认真听讲，才能够全面准确地记录下来课堂知识。毕业生将笔记转让给低年级同学是常有的事。

此后，藤野还将继续认真地给鲁迅修改讲义，一直继续到教完承担的所有功课：骨学、脉管学、神经学。他使用红、黑、蓝、紫等各色水笔，连占比最大的敷波讲义也作了批改，当然，最详细的是他亲自讲授的"脉管学"课程，以至于数年后的日本同学看到后都感到有些过度。也正因为如此，鲁迅的日语水平，于听说读写方方面面都得到了极大的提升。

仙台书简

鲁迅从仙台医专书写的信件不幸只保留了一封，但是作为青春期尾声的形象符号，它相当有价值，这就是1904年10月8日（农历八月二十九日）致蒋抑卮信。价值固然体现在史料的珍贵，然而，阅读这封被称为"仙台书简"的唯一信件，却发现文学解读才是走进它的最好方式，原因便是此书写本身充满着文学能量。

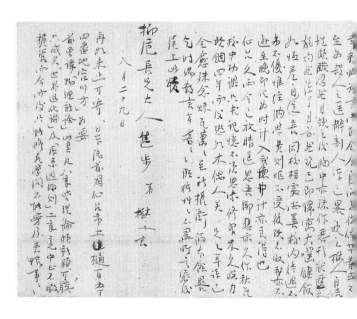

鲁迅 1904 年 10 月 8 日致蒋抑卮信，又称"仙台书简"

一个从未经验过医学生活的23岁大男生，此时感受到的是一种什么样的冲击力？竞争、挑战、心灵内外的双重历险，渗透在信的字里行间，洋溢着青春气息。入学刚刚一个月，还在适应期，枯燥的医学功课纷至沓来，紧张吃力自不必说，居然就马上见识了解剖尸体，恶心堵胸，恐怖形状挥之不去，没想到，回到宿舍仍能大嚼。

至于宿舍条件则"大劣"，此处用了非常幽默的比喻，"吾将以乌托邦目东樱馆，即贵临馆亦不妨称华严界也"[1]。意谓在仙台，像蒋抑卮在东京东樱馆那样的公寓绝不可得。

学医第一年是死记硬背、夯实基础的阶段，即便是最具独立思考能力的医学生，也至少在二年级时才有相当的知识储备去进行一点点创新性的探索。由于知识量大、节奏紧张，全力以赴也不一定能够应付，不可能有时间去做其他事情。

写信前一天，友人任克任由国内寄赠的《黑奴吁天录》到了，鲁迅大喜过望，一天读完。3年后，他还会在东京春木町的本乡座观赏到春柳社表演的同名新剧。想想吧，在弘文学院做翻译工作时，组织语言的当下即可体会自主性。可是，眼下在偏僻的仙台，无论是时间还是精力，都无法旁及，实为恨事。日本青年的思想行为并不比国人强到哪里去，就是活泼外向些，喜欢社交而已。未来如何呢？也许侥幸毕业，不至为"杀人之医"罢，但恐怕成"木偶人"矣。

细思"杀人之医"一语，如今看来，并非对自己未来习医能力的怀疑。写这封信的时刻，日俄已经开战了8个月。26年之后，鲁迅将会在上海题赠就读北平协和医学院

① 鲁迅.041008致蒋抑卮 [M]// 鲁迅.鲁迅全集：第11卷.北京：人民文学出版社，2005：329.

的冯蕙熹一首旧体诗："杀人有将，救人为医。杀了大半，救其孑遗。小补之哉，乌呼噫嘻！"

彼时，仙台医专有5名教师、1名职员和5名学生应征奔赴日俄战争前线，5名学生中有3名是鲁迅的同班同学，教职员捐出薪金的2.5%作为给军属的救援基金。待到日军攻占奉天城、海战胜利，仙台医专独自举行了祝捷大会，之后又召开了市民大会。医专志愿者音乐会的盈利也都捐献、慰问了伤病员，运动会的项目也用战争表演项目起了名字。随着战况的进展，伤病员增多。此后，藤野先生的课经常被调整为日俄战争祝捷会，教师和四年级学生纷纷去预备医院帮忙。1905届57名毕业生中将有34名选择做军医，占全体毕业生的60%，正所谓"杀了大半，救其孑遗"。

鲁迅当然还会与好友许寿裳通信，只不过留下的不是原件，而是回忆。在许寿裳的言说中，《天演论》大大激发了鲁迅的语言感受力，以至于不断套用严复句式。

我们心目中的那个鲁迅，在信中已经逐渐成形。伴随着浓郁的荷尔蒙气息，一方面，他对于语言表达的灵活使用益发敏锐，对翻译的胃口变得更加强烈；另一方面，他又不能不置身于日本"军国热"之中，即将成为被看的"幻灯片"本身。

公寓生活

由于留学生少，仙台医专自然不会设专门的留学生宿舍，因此需要租住公寓。不过，整个仙台市也没有会做中国菜的公寓。鲁迅在田中旅店没住多久，只是暂时安顿了一下而已，9月即迁往片平丁五十二番地的"佐藤屋"公寓。这是一座二层木质楼房，坐落在宫城监狱旁边的高岗

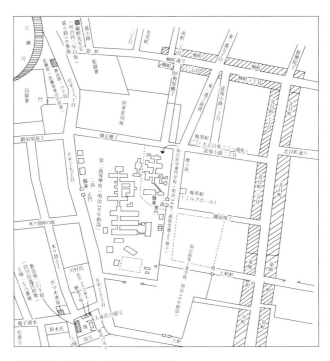

鲁迅住所的公寓及仙台医专等地复原地图

地上。后面有清新美丽的庭院，两侧是陡峭的悬崖，崖下广濑川缓缓蜿蜒流过。对面则是青叶城旧址和天守台的高岗。房东佐藤喜东治将二楼经营为公寓，房客周树人就住在二楼一间面临广濑川的约20平方米的大房间里。隔壁就是施霖。一楼的部分房间则租给了一个特别饭店，专门为宫城监狱中未判决的犯人和探监人提供伙食。

> 初冬已经颇冷，蚊子却还多，后来用被盖了全身，用衣服包了头脸，只留两个鼻孔出气。在这呼吸不息的地方，蚊子竟无从插嘴，居然睡安稳了。饭食也不坏。[①]

两位中国留学生的日常生活由房东夫人照顾，每人每月食宿费8日元。不坏的饭食其实是包办的犯人伙食，每天照例有鱼。由于日俄战争，1905年的仙台米价上涨了36%，食盐实行专卖，大幅涨价，税收增加。大多数市民都苦于筹措费用。很多农民挣扎在饥饿的边缘。而与同学宫内贤一郎家里寄来的生活费相比，鲁迅显然要阔绰得多，几乎高出一倍。宫内在一年级时，每月生活费是13日

---

① 鲁迅.藤野先生 [M]// 鲁迅.鲁迅全集：第2卷.北京：人民文学出版社，2005：314.

鲁迅（右）与留学仙台第二高等学校的施霖合影，1905 年秋摄于仙台

元到16日元。升入三年级时，增加到20日元。根据1907年医专的调查，医专学生平均每月生活费（包括学费在内）最高22日元，最少13日元，一般为16日元，而鲁迅的官费每月大约33日元。

日本同学喜欢交朋友，很快就到片平丁的公寓来拜访鲁迅。名古屋长藏记忆中的鲁迅不但吸烟，而且喝酒。他抽的都是不带过滤嘴儿的香烟，不但自己吸，还劝同学们吸。据说，日本的烟草焦油含量低，少辣味。而建校纪念运动大会后选手慰劳宴会上的"周君"，则喝多少酒也不会醉。

尽管《藤野先生》里的"我"不在乎，后来被确认就是藤野的那"一位先生"，却"几次三番，几次三番地"劝说。也许，从为师而又是租房保证人的这一面看来，住在只有两个中国人的公寓里，对于提高日语水平大不相宜，于是，入秋后，鲁迅自佐藤屋迁往土樋町的"宫川宅"。这次离监狱远，而离学校近了。那时，未曾料想的是，此后"每天总要喝难以下咽的芋梗汤"——一种用大酱和地瓜秧做的菜汤。

搬家前，年逾60的房东佐藤喜东治将珍藏了多年的"白壳短刀"送给鲁迅，以资纪念。在归国后的生涯中，鲁迅将这把雕刻精湛的短刀当作裁纸刀用。

佐藤屋在医专正门往北约200米远的马路对面，宫川家从医专的正门往南，与佐藤屋的位置相反，位于土樋町的鹿子清水大街往广濑川去的半坡上。那一带是安静的住宅区，离二高和医专都很近，很多教师、学者住在那里。鲁迅的新公寓，是从事大量收购烟草的大泉幸四郎宅邸庭院内的别墅。大泉幸四郎聘请了品德高尚而且具有经营才能的宫川信哉来替他经营。宅地内宽敞的庭院里有茂密的森林、假山和泉水池，大泉家客厅的一部分延伸至水池的上方，颇具水阁式建筑风格。庭院最边上的二层住宅便是宫川家。在公寓主人和邻居眼中，"周君"是一个老实沉着、严谨正派和思想敏锐的青年人。

1905年1月，旅顺被日军攻占，俄军战俘纷纷被送至宫城监狱署关押。尽管鲁迅此时已经搬至宫川宅，由于监狱署离学校很近，见到这些在新闻图片、展览，乃至课堂间隙"活动电影"上的"他们"，还是相当容易的。

1905年秋，鲁迅与合租"宫川宅"公寓的日本同学大家武夫、三宅、矶部浩策、吉田林十郎和施霖到仙台东一番丁照相馆合影，后来把照片赠给宫川信哉。1913年，宫川信哉想象照片中的住宿生长大成人后的模样，给他们画上了胡子，并在照片背面用毛笔题字："明治叁拾八年×月影 拾年后想象髭 大正二年现在 三宅君 大学儿科 大家君 美国矶部君 米泽 周君 不明 吉田君 朝鲜施君 不明"，"想象髭"应为"想象髭"之误。

鲁迅与同住土樋町一百五十八番地公寓的日本同学合影，1905 年摄于仙台。左起：大家武夫、三宅、周树人、福井胜太郎

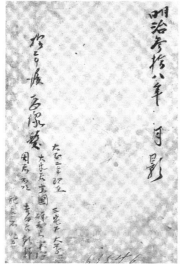

鲁迅与同住宫川宅的五名同学合影及照片背
面的题字

多彩假日

一个时时屈辱、悲愤的鲁迅形象之另一面，只有跟他关系亲密的人才知晓。比如，许寿裳个人经验里的鲁迅在仙台医专就读期间，逢寒假、春假、暑假必回东京，与其同住。既然在仙台医专读了一年半，那么，鲁迅必定是回过东京四次，一次春假，一次暑假，两次寒假。那时的官派留学生经费还包括交际费、旅行费，后者也被称为实地研究，或曰修学旅行，实在是优待。

不过，鲁迅还曾在第一学年课余和日本同学结伴去了趟松岛，那是比仙台更加往东北的郊外，著名的日本三景之一。水面上有众多小岛，星罗棋布，呈船舰之状，其上多植松树，形态各异，水鸟云集，与游船相逐而觅食。鲁迅拍了很多松林雪景的照片，寄给许寿裳。这时，日俄已经进入激战状态。

还是来看看鲁迅入学仙台后的第一个春假吧。第二学期于1905年3月31日结束，共有一周的假期。许寿裳在东京高师学校读完了预科，正是樱花烂漫的时节，遂与钱均夫搭伴同往箱根温泉，打算小住十天，安心做些译书工作。

二人在路上忽遇大雨，只见瀑布高飞，云雾缭绕，景色出奇。下榻旅馆后，许寿裳按捺不住兴奋，写了好几张明信片，寄给东京的友人何燮侯、许铭夫、陈公孟，当然还有休假的鲁迅。他迫不及待地告知寓址，以及冒雨旅行的所见。隔了一二日，友人纷纷回片，对其"饱享眼福"的"韵人韵事"表示歆羡不已。

隔天，陈公孟忽然到了，鲁迅也跟着到了。四人欣然围坐谈天，直到夜半。第二天又结伴登山，游"芦之湖"，这个著名的火山口湖，四山环抱，风景清绝。旅馆临湖而建，四人泡汤后，坐在阳台上，遥望"白扇倒悬东海天"的"富士山"，喝啤酒，吃西餐，品炸鱼，每人都吃了两份，才兴尽下山。大概这是锦瑟华年最美好的记忆了，40多年后，许寿裳的回望文字仍充满了留恋。

事隔好久，鲁迅才对许寿裳说，公孟之来，原是有"间谍任务"的。因为有人开玩笑说，他们是为"藏娇"而去的箱根。同乡友人们本不信，其实，陈公孟也不信，却自告奋勇，要去探个究竟。鲁迅说，假使真的"藏娇"，还会自己来报告寓址吗？天下哪有这样的傻瓜！许寿裳答，正是知我者，树人也。二人不由相视大笑！

仙台医专春假时间短，鲁迅需早些回校。回程途中，他付了人力车资，买了火车票之后，发现只剩下银币两角、铜板两枚了，索性将两角钱也花掉，买了香烟，潇洒登车。车到某站，乘客一拥而上，待到一位老妇颤颤巍巍上来，车中已无位子。鲁迅连忙起立让座，老妇人感激不尽，低头弯腰，谢了又谢，二人遂攀谈起来。妇人取出一大包咸煎饼，请这位中国留学生品尝。到底是年轻，鲁迅一尝之下，味道妙不可言，不觉大嚼一通，直至口渴难耐。恰好又到一站，便唤站台卖茶人，忽然省悟衣袋里只有两枚铜板了，只好支吾一声作罢。哪知，那老妇人见此情景，还道是赶不及买呢，暗记于心，到得下一站，车一停便急忙代为唤茶，尴尬之中，鲁迅只好推托说已经不口渴了。看出小伙子的尴尬，老妇人赶忙买了一壶送给他，鲁迅也就毫不客气，一饮而尽。

由于日俄战争的影响，仙台医专1904级新生不得不提前进行期末考试。仙台6月上旬便进入梅雨季。6月1日起，学生们换上浅灰色夹深色碎点的夏季校服，从21日开始进入考场，持续6天。考试一结束就进入了横跨七、八两个月的漫长暑假。同学们都回了家，鲁迅自然还是去东京。

这次打算去水户，瞻仰明遗臣朱舜水墓。朱舜水反抗清朝，百折不挠，"自誓非中国恢复不归"，以致终老异域，鲁迅一向崇拜他的人格，所以亟亟去凭吊。

东京与仙台之间的火车有12小时的车程，水户是日本东北部茨城县内的一个城市，距离东京约120公里，位于全程的中途。鲁迅下车时已经是夜里，自然要投宿。

鲁迅迈进一家旅店，店主以为他是日本学生，便安排了普通的标间，让他填写履历表。

看到鲁迅是中国人，店主夫妇看后忙不迭地谢罪，说是有眼不识泰山，太简慢了贵客，并要给鲁迅升级到大房间。

鲁迅倒不在乎大小，嫌麻烦，不愿更换，然而，店主太盛意殷勤，不好坚却，也就随他去了。那是一间陈设十分讲究的房子，华贵的寝具都是绸缎新制的。

鲁迅睡下后，暗忖：明天付账，囊中的钱可还够？一早就得打电报给许寿裳，请他电汇一点款子，以救"眉急"。想妥当后，安心闭目，渐入梦乡。

忽然，外面人声嘈杂，大嚷："火事！"鲁迅忙不迭地穿衣逃出，店主立即派人将他转移到另一家旅店。这次，鲁迅首先声明，只要普通房间。

夜已深，赶快就寝，万不料朦朦胧胧间，外面又嚷着"火事，火事"，难道是先贤显灵？

"啊呀，你好像是'火老鸦'了！倒不是仅烧了眉毛。"待到拜完朱舜水，在东京见面后，许寿裳笑着对鲁迅说。

"可不是嘛。我马上爬起来，出去一望，知道距离尚远，这回也就不去管它了……"鲁迅也忍不住笑了。

1905年8月暑期的东京，最重要的一件事其实是中国同盟会成立。兴中会、华兴会、光复会会员全部参加，到

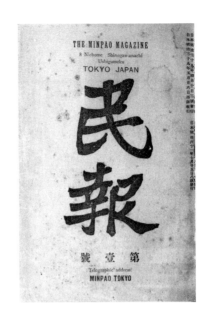

《民报》第一号封面

会1300余人，通过了"驱除鞑虏，恢复中华，创立民国，平均地权"的革命派纲领，孙中山被选为总理，并在会上做长篇演说，批判改良派主张的"中国今日只可为君主立宪，不能为共和"的谬论，指出"言中国不可共和是诬中国人"，这次讲演极大地鼓舞了广大留学生的爱国热忱。三个月后，中国同盟会机关报《民报》创办，孙中山在创刊号上将其演说纲领阐发为民族、民权、民生三民主义。

《民报》前后共出26期，后于1910年2月终刊。

鲁迅对孙中山的革命活动十分敬仰，并参加了8月13日东京留学生在麹町区饭田河岸富士见楼举行的欢迎孙中山先生抵东京的盛会，而清廷也在此后的9月2日宣布废除了科举考试。

据《鲁迅在仙台的记录》所披露的医专旧档案，发现第一学年鲁迅有两次缺席记录，且没有因故缺席的理由书，名字出现在缺席一天以及缺课五小时以上的五名学生之中。

第二学年

1905 年 9 月—1906 年 3 月

漫长的暑假过后，鲁迅再次从东京出发回仙台，这时，日俄双方已签订《朴次茅斯和约》，战争宣告结束。整个战争期间，仙台出兵508人，战死105人，伤病千余人。[①] 仙台居民对此引以为豪，一直沉浸于日军在中国东北战场节节胜利的欢庆氛围中。

1905年9月至1906年5月，出征中国东北的日本士兵陆续回国，而两千多名俄军俘虏也将离开仙台回国，仙台火车站前总是人山人海。二高工科学生搭起了凯旋门，仙

---

① 薛绥之.鲁迅生平史料汇编：第二辑 [M]. 天津：天津人民出版社，1982：58.

台医专也参加了凯旋欢迎仪式、阅兵式、招魂祭典仪式，并且捐款。

鲁迅便是在这种"军国热"极端膨胀的气氛下开启了大二生活，课业越来越繁重，增加了解剖实习、局部解剖学、病理学、细菌学、生理学、显微镜用法、病理解剖学、诊断学、外科总论、药物学等新科目。一年级副科中的化学、物理学、伦理学、体操都没有了。敷波与藤野先生都不再担任年级长，新的年级长为横田钢太郎教授，副年级长是东自副教授。

藤野先生的课增多了，承担解剖实习和局部解剖学两门。这样的教学安排表明，医学生在第一学年掌握了人体解剖学基本理论的基础上，动手能力需要加强训练，离未来的外科手术越来越接近了。

据史料记载，1901—1911年在日本23所医校留学的中国医学生中，1905年在籍者仅剩3人[①]，鲁迅当为其中之一。

成绩之谜

回到学校，却见上学期的成绩早已发表，全年级同

[①] 实藤惠秀. 中国人留学日本史 [M]. 谭汝谦，林启彦，译. 北京：生活·读书·新知三联书店，1983：113.

学参加考试者共142人，鲁迅居68名，可以升级了。当年，有30名本土学生留级。

仙台医专与弘文学院一样，将成绩分为甲乙丙丁戊五个档次：甲 =100—90，乙 =89.9—75，丙 =74.9—60，丁 =59.9—50，戊 =49.9以下，丙及以上为及格。所有科目中没有戊以下分数，丁等不超过两科者，可以升级。这比弘文学院"各学科皆达到丙等以上者得以升级"的要求貌似松了一点，不过，弘文学院毕竟只是个预科学校，所获知识相对简单，要求高一些理所当然。

鲁迅在医专学习时期的成绩截至目前发现了三种：《明治三十七（一九〇四）年十二月、医学科第一年级学年评分表》《明治三十八（一九〇五）年七月、医学科第一学年考试成绩表》，还有同班同学小林茂雄抄到笔记本上的甲乙评价成绩表。以此为据，综合来看，鲁迅第一学年的生理学是63.3分，只有一门课的成绩是丁，其余均为丙，包括成绩最好的伦理学。学年总平均成绩是65.5分，按照规定可以升入二年级。而据日本研究者后来披露，公布的考试成绩其实还存在明显的记录错误，比如，生理学实际是65分，伦理学83分，等级应为乙，而第一学科总平均分则应为65.8分。

在友好的日本同学看来，鲁迅作为一个外国人，学习成绩居于中等，已经付出了很大的努力。鲁迅的确相当用

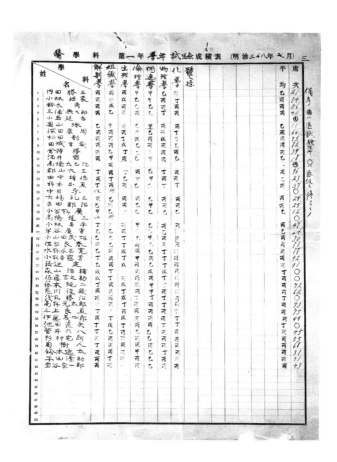

鲁迅在仙台医专的第一学年成绩表

功，考试前不眠不休地复习功课，有时候头上扎上布带子来提神。岁暮之际有一次患了重感冒，没有力气去学校，只好一人在公寓盖着日式被子躺平，心里十分焦虑。班长铃木逸太和同学杉村宅朗课后立即来公寓探望，鲁迅不顾身重，赶忙坐起，着急地询问老师讲了什么新课，边听边记，唯恐落下。

日本同学一致认为，体质文弱、不爱讲话、和蔼老实的"周君"，从生活到学习，踏踏实实，绝不松松垮垮。在小林茂雄的脑海里，"周君"更是学习刻苦，笔记记得整整齐齐，有时还使用毛笔。

然而，这样一个中等成绩，还是遭到了某些日本学生的质疑。《藤野先生》中的学生会干事找借口查了"我"的讲义，并寄来一封匿名信，污蔑藤野先生在批改讲义时做了记号，泄露了题目。这让"我"记起，实际上早在几天前下通知开同级会时，干事便在黑板上写道，"请全数到会勿漏为要"，而且在"漏"字旁边加了一个圈。那时的"我"毫不介意，只道是圈得可笑；收到以"你改悔吧！"起头的匿名信后，才悟出这是在讽刺有教员漏泄了考题。

据班长铃木逸太在《藤野先生》发表40多年后的回忆，他当初是立即向藤野先生做了汇报，藤野建议把同学们召集起来，转告大家这是谣言，没有事实根据，因为

鲁迅的医学笔记

鲁迅获得丁的那一门功课，恰恰就是他讲授的《解剖学》，三个学期分别为60、60、58分，学年平均分为59.3分，是全部九个获丁的学生之一。虽然解剖学由敷波、藤野两位教授分任，但埋头于科研的敷波将评分事务全部让渡给了藤野，而将精力主要放在教学而不是科研上面的藤野显然太过于一丝不苟，以至于这一年，《解剖学》课程不及格者48名，达到全班人数的三分之一。

是不及格的人出于嫉妒的恶作剧，还是出于对藤野先生的怨恨？大家看法不一。藤野认为同学们中存在着蔑视中国人的现象。"日本人骂中国人的时候说吝啬鬼（含有轻蔑、未开化意思的言词），同学们中也有这样一伙人，给鲁迅以白眼，一副排斥的模样。"铃木则认为，是"留级的一伙人"出于对藤野先生的反感而炮制的恶作剧。

> 有几个和我熟识的同学也很不平，一同去诘责干事托辞检查的无礼，并且要求他们将检查的结果，发表出来。终于这流言消灭了，干事却又竭力运动，要收回那一封匿名信去。结末是我便将这托尔斯泰式的信退还了他们。①

"泄题事件"是1926年诞生于中国厦门的一篇回忆散文里的文学性事件。这一事实的经纬在1905年的仙台医专是以何种面貌呈现的？究竟会带来怎样的结果？形势尚未明朗。

①　鲁迅.藤野先生 [M]// 鲁迅.鲁迅全集：第2卷.北京：人民文学出版社，2005：317.

解剖尸体

据萧红优美的散文笔调回忆，在藤野先生的指导下，鲁迅曾解剖过20多具尸体。

二年级一个学期还没有读完的医学生，就可以有如此多的练手机会，即便在今天的医学院也是不多见的。可见，日本那时的医学教育已经相当发达，民众观念非常开化，会有很多人愿意将遗体捐献出来供医学研究。实际上，仙台医专解剖实习用的尸体的确是从宫城医院运来的，其中也有从监狱署和教养工厂运来的。医学科创设以来共用400多具尸体，1904年使用尸体数为30多具。得益于日俄战争的后方医院及毗邻监狱署，在某种程度上与其他医专相比，仙台医专的尸体来源相对方便。

解剖学实习贯穿于二年级整个学年，每周10个学时，是比重很大的一门课。正是经受了内心的不安，遇到年轻姑娘和幼儿尸体时要特别鼓起勇气。进行了实地人体解剖的鲁迅，才终于绝望地意识到，已断的筋骨没有法子可想，中国女子畸形的缠足是无法恢复的。他深切体验到中国女性的痛苦，悲愤而痛恨赵宋以后历代摧残女子者的无心肝。不仅如此，他还看到了"胎儿在母体中的如何巧妙，矿工的碳肺如何墨黑，两亲花柳病的贻害于小儿如何残酷"①。

解剖实习了大概一星期，藤野又叫"我"去，很高兴地，仍用了极有抑扬的声调说：

我因为听说中国人是很敬重鬼的，所以很担心，怕你不肯解剖尸体。现在总算放心了，没有这回事。②

解剖实习课貌似很让老师满意，诊断学学得如何呢？1934年，在给曹聚仁的一封信中，鲁迅毫不隐瞒自己当年的懵懂："习西医大须记忆，基础科学等，至少四年，然尚不过一毛胚，此后非多年练习不可。我学理论两年后，持听诊器试听人们之胸，健者病者，其声如一，大不如书上所记之了然。"③而在显微镜用法的课堂上，鲁迅竟然错将青蛙血看成了自己的血，着实被惊到了。

作为医学生来讲，即将到来的辍学其实是相当可惜

① 许寿裳.亡友鲁迅印象记·许寿裳回忆鲁迅全编 [M].上海：上海文化出版社，2006：22.

② 鲁迅.藤野先生 [M]// 鲁迅.鲁迅全集：第2卷.北京：人民文学出版社，2005：316.

③ 鲁迅.340430致曹聚仁 [M]// 鲁迅.鲁迅全集：第13卷.北京：人民文学出版社，2005：87.

的，因为他马上就要走上临床，开始面对实际病人了。待到读完四年级，除参加第三学期试验外，再在9月上旬到10月中旬参加六周的毕业试验考，合格后就成为毕业受验生，取得"医学得业士"称号后，便可开业行医了。不过，鲁迅擅长的伦理学、独逸语作为副科不在考试之列。

取缔风潮

在日本五所医专中离俄国最近的仙台就读期间，牵动了鲁迅的心的仍然是800里外的东京，尤其是母校弘文学院。

暑假归来，先是日俄战争以第三方中国的屈辱形式宣告结束，泄题事件、成绩纠纷、取缔风潮又相继发生。日本文部省9月份颁布了歧视并限制中国留学生自由的《清国留学生取缔规则》。在很多留学生看来，仅"取缔"二字之见用便具不伦不类的亡种同化性。而自费留学生大多属于革命派，最易被视为该规则第十条所定之"性行不良"，而有被勒令退学的危险。11月底，学生们愤而掀起反对运动，风潮持续到来年1月。有8000余人于1905年12月4日开始实行总罢课，弘文学院向各校寄出公开信，呼吁全体留学生联合起来以实际行动抗议，在运动中担任了主流角色，甚至连校长嘉纳治五郎都对记者表示，文部省命令实无必要。

12月7日，《东京朝日新闻》发表了社论，称罢课行为乃"清国人特有之放纵卑劣性情所促成"。当晚，曾就读弘文学院师范科的陈天华留下绝命书，第二天寄给清国留学生会馆杨度后，跳入大森海殉国，以激励同学们坚持斗争。弘文学院很快就有人成立敢死会，发表檄文。善于利用社会热点博取眼球的《二六新闻》更是专门聚焦流血事件，言称："弘文学院学生白天在校内'因纠察员之故遭刺杀鲜血淋漓，性命垂危'。"日本舆论界还有评论此事件的远因乃在于速成教育简便课程的设置，漫然出售学术技艺，苟且施教，放纵行为。

陈天华的自杀其实也促成了更多留学生退学返国，实践女校学生秋瑾就坚决主张留学生全体回国，以激烈行动要求去除苛例。《国民新闻》报道中的秋瑾女士乃"此次纷争的灵魂人物""不仅姿色动人，且辩才无碍，使须眉男子皆自叹弗如"，她"东奔西走，四处游说留学生。旋踵间，据说已有七八百名学生受其指挥，且学生们意气昂扬"。[①]12月14日，归国派先头部队出发，盛极一时的弘文学院不得不关闭分校。

---

① 北冈正子. 日本异文化中的鲁迅 [M]. 王敬翔，李文卿，译. 台北，中国：麦田出版社，2018：91.

驻日公使杨枢急电清政府："学生此次归国咸带凶器意图革命，请速派兵舰至吴淞口截剿。"对此，钱玄同以为可笑至极："留学生不过要求去此苛例，行动稍激烈耳。"[①] 清政府一面查拿革命学生，并通过日本文部省对此次运动中组织罢课的宋教仁等19名留学生进行了处分，缴回清公使发给他们的入学介绍信，取消了他们继续在日留学的资格。另一方面又为归国的留日学生开特科考试，以官禄为诱饵，瓦解斗志。如章宗祥、曹汝霖等即由此得官。

孙中山及时给留学生发来了专电，支持他们在日坚持斗争，鼓励趁势推动革命事业的发展，以免同盟会会员大批回国，被清政府一网打尽。唯其爱国爱民之心愈烈，观察与行动愈冷静的鲁迅，是主张沉心研学的留校复课派。他捐款一元支持成立"维持留学界同志会"，八名书记中之一正是许寿裳。两派在留学生会馆展开了激烈的争论与笔战。

实际上，1905年11月，也就是取缔风潮初起前后，浙江的光复会骨干徐锡麟、陶成章、范爱农、陈伯平、马宗汉等为了准备起义，便乘坐汽船登程来到日本。鲁迅和陈子英一起去横滨迎接，然后带他们到新桥火车站去东京。

---

① 杨天石.钱玄同日记 [M] . 整理本 . 北京：北京大学出版社，2014：9.

20余年后，在《莽原》(第一卷第二十四期)刊登的一篇署名鲁迅，题为《范爱农》的文章中，我们将见到这些革命先行者进入文本后雍容揖让的身影。残酷的现实中，这十多个人后来都成了烈士。而在文本的当下，一切还茫无所知的"我"，并未与徐锡麟照面，他和夫人早已在神户下船，走的陆路。两年后，徐锡麟将以"刺客就擒"的恐怖形象出现在日本新闻报纸上，名字写作"Joshiki Rin"，让东京客店里一起床就看报的中国留学生们好一番研究。

这篇同样像《藤野先生》一样被很多人质疑为小说的散文，成为将非虚构当虚构写的经典文本。文风貌似轻松，却让人艰于呼吸，缅怀辛亥革命先烈的叙述策略显而易见。

由于留学生的坚决斗争以及同盟会的支持，"取缔规则"未能实行。然而，奇怪的是，1906年1月13日起，当东京的留学生们纷纷回校复课后，远在仙台医专的鲁迅却开始酝酿退学了。

幻灯事件

仙台医专第二学年开始时，日俄战争已经结束。日本国民沉浸在战胜俄国后"军国热"高涨的巅峰时刻。而细菌学课是第二学年第二学期才开的新课，从1906年

1月开始，由中川爱咲教授担任教师，时间是每星期四的第六、七节，下午一点到三点连续两个小时，地点在3号或6号教室。

20世纪初，日本引进了最新式的幻灯教学法。1903年，文部大臣到仙台视察教育，仙台医专首先被视察的工作便是幻灯教学。中川教授曾经在美国、德国留学，是个非常西化、性格坦率之人，深受学生们欢迎。当他回国后，首先建议学校从德国购买幻灯机，但因价格昂贵，校方没有批准，中川教授宁肯以扣除自己部分工资的方式补充经费也坚持购买，以至于财务人员非常不满。

　　但我接着便有参观枪毙中国人的命运了。第二年添教霉菌学，细菌的形状是全用电影来显示的，一段落已完而还没有到下课的时候，便影几片时事的片子，自然都是日本战胜俄国的情形。但偏有中国人夹在里边：给俄国人做侦探，被日本军捕获，要枪毙了，围着看的也是一群中国人；在讲堂里的还有一个我。

　　"万岁！"他们都拍掌欢呼起来。

　　这种欢呼，是每看一片都有的，但在我，这一声却特别听得刺耳。此后回到中国来，我

《俄探斩首》"处斩为俄军当间谍的中国人"，摄于 1905 年 3 月 20 日满洲开原城外

《实记》第 108 号中"满洲军中俄探的斩首"（1905 年 12 月 13 日号）

看见那些闲看枪毙犯人的人们，他们也何尝不酒醉似的喝采，——呜呼，无法可想！但在那时那地，我的意见却变化了。[①]

将近20年后，在《呐喊·自序》《藤野先生》《俄文译本〈阿Q正传〉序及著者自叙传略》中，鲁迅都将提到上述精神上的转折，就是把中国人作为看客和示众材料的情景，令他深受刺激，使他意识到，一个精神麻木的国民，体质即使如何健全，都不会起来反抗。首先应该改变的是国民精神，而善于改变精神的要推文艺最有力量，于是，他决定弃医从文。

60年后，东北大学医学部（仙台医专后身）细菌学教室发现了鲁迅就读时使用过的15张幻灯片。然而，这是一套时事画片，并没有表现中国俄探被枭首的。

根据文本内外的时间差，遭遇细菌学讲堂上幻灯教学的"我"所看到的"电影"，其实已经不是"正当日俄战争时候"的时局新闻，而是刚刚过去的历史。实际上，"战时通俗讲话会"及"日俄战争教育幻灯会"等活动在仙台随处可见，而不必非得出现在讲堂。无论战前、战中还是

---

① 鲁迅.藤野先生[M]//鲁迅.鲁迅全集：第2卷.北京：人民文学出版社，2005：317.

战后，鲁迅均全面把握日俄战争时局，在讲堂上看到的"电影"之外，早已通过各种形式观看了很多，哪怕是被强加的。习惯午饭后到报亭阅报，往"森德座"剧场看电影的鲁迅肯定也看到不少。幼时便对图像感兴趣的鲁迅，据说很喜欢观看日本民间传统小戏，常到"森德座"剧场，花费八分钱去站着看戏。"森德座"是一座木制二层楼的西式建筑，门前挂着大旗，上面写着"森德座"三个大字。班长铃木逸太就相当自信地回忆说，这剧场上演歌舞伎时，在立着的观众中曾看到过鲁迅，同学们互相招呼着说："呀，周君也来了！"而鲁迅则看过《牡丹灯笼》《御岩》等有名的传统剧目。在市内其他剧场，与新派歌舞伎混杂在一起的还有军国剧、报道战况的新闻影片。特别是，报道过鲁迅入学的《河北新报》于1904年12月10日第二版，刊登了松原傅吾的《满洲见闻录（三）》，侮辱性地言称"满洲人""因其国土上不具备法制教育机关"，现已成"愚昧之民"云。而1905年1月3日《实记》第47期刊登的田山花袋《征尘》，更是露骨地表达："西洋人视中国人为动物，实际确乎不得不产生动物、下等动物之感觉，因此，他们在生理上已失去人类的资格。"鲁迅一度关注自然主义作家田山花袋，很可能关注他的言论，对其不欣赏的原因不只是风格流派那么简单。

可见，鲁迅的民族屈辱感远非细菌学讲堂上的"顿悟"或"震惊",而是视觉暴力美学最大限度地激发了个体的文艺感受。因之,将近20年后,他独独选择了细菌学讲堂上的电影教学这样一个课堂情境来烘托他的"弃医从文",选择了有日本学生欢呼的讲堂,选择了播放"电影"的视觉叙述。讲堂关联着意识形态最鲜明的符号——教科书;幻灯机作为当时最先进的教学仪器,是现代科学的象征,恰兴起于帝国势力大肆扩张之际;正是战争胜利后最狂热膨胀的帝国心态,使"幻灯片事件"成为一个隐喻。拍手的日本学生恰似照片里站在战俘后面层层包围着的日本兵,沉浸于此战争氛围的中国留学生"我"成为被迫观看杀戮国人的旁观者。而尚在觉醒中的"我"识破了这一切话语霸权,拒绝与之共同赏鉴,尽管当时已陷入"无论辩白与否,都已经是屈辱"的尴尬境地。

《呐喊·自序》的回忆书写也非常像在播放影片,瞬间由拍手喝彩、俄探枭首切换到了"弃医从文"。可以说,鲁迅用文字书写回放了一次视觉经验,来阐述一个中国留日医学生如何走上了治文学与美术的道路,从而精心构建了文本内景中的经典意外。他并由"据解说"顺带揭出"五四"时期"人的文学"的启蒙命题。这种闪回的语言策略构造了一种特有的并置空间中的认知逻辑,喻示着中国进入了景观社会。鲁迅在仙台的内在注视,穿透媒介表象空间,看到的是扩张期日本在东亚的帝国野

仙台医专的阶梯教室，后方为大型幻灯机

1906 年 3 月，仙台医专同学送别鲁迅（后排左一）时的合影

心与殖民企图，然而，却用中国人麻木的神情来表达他的所观。其所述在融入新文化阵营后的"五四"叙事当中，吸引了公众注意。

日俄战争行进中的仙台医专，为鲁迅近距离地靠近俄国，提供了一个具体化的现实场景。这比阅读俄国文学更多了一份独特的生命体验。这也同时意味着，如果鲁迅当初选择去金泽、千叶、冈山、长崎的医专学校就读，并不一定会辍学，此乃仙台的独特性使然。

退学惜别

1906年1月，仙台降下60年来未有的大雪，交通屡为中断，街头乞丐增多。2月底，敷波先生被公派德国维尔茨堡大学留学，不久，鲁迅向平时要好的同学杉村宅朗表示，决心离开仙台。不知杉村宅朗当时是什么心情，他联络了班长以及青木今朝雄、山崎喜三，约上鲁迅去一个米粉团子店吃点心，然后照了张相。现在看来貌似话别会，但当时大家都没有询问鲁迅离开的原因，而是像往常一样谈天，照相时也没有以鲁迅为中心。

据名古屋长藏观察，一年级以后，"周君"明显讨厌学医，好像上课的热情淡薄了，记笔记、整理笔记的心情也渐渐地没有了。快到3月时，同学们已经不怎么在班

仙台医专学生名册中"周树人"的名字被红笔划掉，批注为"退学 三十九年三月十五日"即 1906 年 3 月 15 日

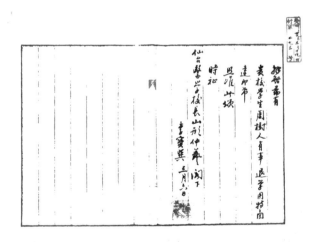

留学生监督李宝巽署名的鲁迅退学申请书

上看到"周君"了，那时迟到都不行，难道可以随便缺课吗？只能说鲁迅退学的手续正在办理中。实际上，1905年秋季刚开学时，"周君"又曾缺课两天，和班长解释时，含糊说是吃的不合适。

其实还没"到第二学年的终结"，鲁迅甚至没有参加第二学期的考试便退学了。1906年3月6日，驻日公使留学生管理人员李宝巽向仙台医专邮送了周树人的退学申请书。医专于3月15日受理并函复李宝巽。在明治三十九年一月发行的仙台医专学生名簿中，"周树人"一栏用红笔勾掉了，在上面一栏竖写着批注"退学 三十九年三月十五日"，也就是明治三十九年，即1906年3月15日。

此前几天，清学部刚刚制定了《选送留日学生限制办法》，严定选派，其中有一条"拟习速成科者，不论法政或师范，必须国学与中文俱优，年在25岁以上，于学界政界有实际经验者，方为及格"。如此看来，周树人所弃掉的学校对于国内拟申请官费的留学者来说正是求之不得。换言之，如果1906年申请仙台医专，弘文学院速成普通科毕业的鲁迅很可能就不会被录取了，再后来速成干脆停办。

在很多人眼中，1906年的仙台医学生"周君"面临着困境，或者说，看似如此。鲁迅后来在《藤野先生》里告诉世人，自己如何去寻藤野先生，如何告诉藤野将不学医学，并且离开这仙台，而藤野的脸色又如何仿佛有些悲

藤野先生送给鲁迅的照片

藤野先生在照片背面题字

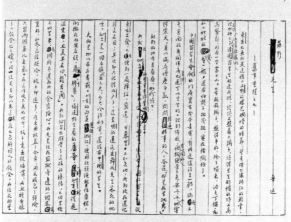

鲁迅的《藤野先生》手稿

哀，似乎想说话，但竟没有说。

"我想去学生物学，先生教给我的学问，也还有用的。"其实鲁迅并没有决意要学生物学，却在散文中看得藤野"有些凄然，便说了一个慰安他的谎话"。

"为医学而教的解剖学之类，怕于生物学也没有什么大帮助。"藤野叹息说。

将走的前几天，藤野叫"我"到家里去，交给一张照片，背面用毛笔写着"惜别　藤野　谨呈　周君"。藤野希望"我"将自己的照相也送他，但"我"这时适值没有照相了；藤野便叮嘱将来照了寄给他，并且时时通信告诉他此后的状况。然而，"周君"一去之后，杳无消息。

"惜别"照片至今还挂在北京西三条21号官门口周宅老虎尾巴的东壁上。但是，在搬家到西三条之前，这张照片是以何种方式被珍藏着的，是不是也曾一直挂在八道湾11号老虎尾巴的东壁上，就不得而知了。居住西三条官门口期间是鲁迅自己也成了先生，并开始到各大学兼课的时期，同时也是经常有青年学子来拜访的时期，藤野先生的照片成为凝聚文学青年的一个理想与象征。

鲁迅把医学讲义装订成六大册，收藏起来，作为纪念，一度以为丢了，其实完好地在家乡保存着。但藤野先生却不记得送照片这件事了，虽然自己所教的第一个中国留学生辍学应该是个印象非常深刻的事情。1934年，岩波书店准备出版《鲁迅选集》，鲁迅特别强调"只有《藤野先生》一文，请译出补进去"，表达了对恩师的深切敬意和怀念。直到逝世前三个月，鲁迅都在托人打听藤野先生的消息，却毫无结果。直到其逝世五年以后，在日本朋友的帮助下，才终于找到了藤野先生，他已是福井县一位普通的乡间医生。他没有想到，"周君"后来竟成为伟大的文学家。

人们可以看出，仙台医专的鲁迅正在慢慢汇集那些构成他重返东京之行径的要素——他对东京革命思潮的持续关注，他对"这一个讲堂"中的"电影"的文艺顿悟，他

对于将语言变为自己的专业而不再需要其他专业的内心渴
求，还有那一封封不断以悲剧开端的方式召唤其回国成亲
的家书，以及他对于即将出版的第一本洋装本著述的深深
迷恋……

三

东京，东京："愿有英俊出于中国"

1906—1909

鲁迅的仙台辍学与回国成婚有没有关系呢？无论如何，1906年夏天，他奉母命回国了，此行是去与绍兴丁家弄的朱安女士成亲的。对方是叔祖蓝玉田家蓝奶奶的内侄女，比鲁迅大三岁。鲁迅后来说："这是我母亲送给我的一件礼物，我只有好好的供养她，爱情是我所不知道的。"

之前，他突然收到老家发来的"母病"消息，函信促归，有时一日两封，让他忧心忡忡、坐卧不安，不得不踏上归途。就彼时国际邮件往来的缓慢程度，收到母亲第一封信时应该还是在仙台辍学前的初春，而一日两封的频率，要说不影响到学习状态，恐怕是不可能的。

东渡扶桑后的两次回国，每次都让鲁迅印象深刻。第一次，装了个假辫子。这是第二次，一进家门，"母病"的家里居然张灯结彩、喜气盈庭，母亲从来没有如此健康且高兴。为了迎接新娘，假辫子又不得不再次装上。15年后，它将隐微在一部叫作《阿Q正传》的小说中，以"假洋鬼子"的形象自嘲。

完婚后才四天，鲁迅便携二弟周作人返回了东京，行动如此匆促，令人难免怀疑是否经历了家庭谈判——明明没有谁生病，却促我千里迢迢回国，如今已经办完喜事，请允许我再回日本。

谁知道呢？

而那时周作人刚刚从江南督练公所取得留学生资格，

朱安

立马随大哥远行。这时，在日本的中国留学生已经超过了一万名。

鲁迅辍学回东京，还或因需集中时间校阅书稿。1906年4月30日，位于浅草区的东京并木活版所初版了顾琅与鲁迅合作编写的《中国矿产志》，封面印有"国民必读"四字，采用洋纸，两面印刷，洋式装订。教育家马良为之作序，强调编者旨在让"我国民深悉国产之所有，以为后自开采之计，致富之源，强国之本，不致家藏货宝为他人所攘夺"。5月4日，南京启新书局、上海普及书局、日本东京留学生会馆发行，几个月内连印三版。后来附上的《中国矿产全图》道林纸铜板套色精印，由顾琅独自编纂，另行定价单独销售。绘图封套上印有"国民必读""附中国矿产全图"字样，该书几个月之内连印三版。清政府农工商部通令各省矿务、商务界人士购阅，学部批准为中学堂参考书，称赞其"于中国地质源流主之蒐详"。1906年12月，在东京的河南学生创办《豫报》（共出版6期，1908年夏天停刊），在该报的第4期和第5期上，持续刊登《中国矿产志》和《中国矿产全图》的广告。

除译著外，《中国矿产志》应该是鲁迅出版的第一本著作，终于可以显身于让其大开眼界的东京出版业，何况作为"矿业科"而来日本留学的他，一定对这一成果激动不已。恐怕不到印刷所亲见其书版、亲见手民操作，都不能罢休的。按部就班、功课一分钟也不能落下的医专节奏，允许他这样做吗？

对此最有说服力的当然还是许寿裳，在他后来被广泛征引的权威回忆中，鲁迅刚回到东京便被其追问何以中断学医，据说鲁迅踌躇一下后乃道："我决计要学文艺了，中国的呆子、坏呆子，岂是医学所能治疗的么？"二人相

《中国矿产志》封面

对苦笑。

听上去，仿佛一部充满了人物、情节的小说忽然跳出的议论部分。

鲁迅生平的叙述之路当然充满歧途，却又是对其人生张力的最好印证，后来者不得不开足马力去深思，以便得出自己独特的结论。在20世纪初的中国大作家刚刚进入传记书写及其后的很长一段时间内，执笔者对于历史的确定性总是充满了热情。

兄弟怡怡

到东京后，不用穿学生制服了。鲁迅开始和服系裳，下着裤裙，单、夹、棉三套布制轮换，最多一件夹外衣，冬天会穿短衬裤对付过去。唇上也留起了德式胡须。特别适应席上坐卧，用矮脚书几，甚至不用桌椅。吃穿都不讲究，闲中着木屐逛书店或夜市。最重要的是，终于不必严格遵守作息时间，可以自由无拘束地熬夜读书了。

周氏兄弟最先下榻的是本乡区汤岛二丁目伏见馆。四铺席屋子在楼上路南一排的西端，顶棚低低的；平时点的是洋油灯，取暖有火盆供应。日本的世界语学会即诞生于此。试办《新生》，惊闻徐锡麟事件均在伏见馆。

兄弟二人每日安安静静地在房间里读书，每每那些志在升官发财之徒来往大声喧哗都忍了，然而作为老房客，却要让着他们先去洗澡，是可忍，孰不可忍！

1906年秋天，周作人在江南水师学堂的同学孙竹丹，托他带东西给亲戚吴弱男，并让交给宫崎寅藏收转。这时周作人的日语还不熟练，凡是对外打交道的事情均由鲁迅出面交涉，鲁迅便代他送去。宫崎寅藏曾赞助孙中山革命，后来以同盟会日本全权委员资格，参加策划革命活动。他的《三十三年落花梦》等书的中译本，在爱国青年中颇有影响。鲁迅与之见面后谈得相当融洽，二人相约再到《平民新闻》社晤谈。《平民新闻》的主笔堺利彦，是日本社会主义运动三巨头之一，宫崎寅藏欲介绍鲁迅与之相识。鲁迅马上购买了堺利彦编辑发行的理论刊物《社会主义研究》共5期，其中第1期载有《共产党宣言》日译本，第4期译载恩格斯的《社会主义从空想到科学的发展》。这是鲁迅对社会主义学说的最早接触。

在伏见馆住了不到一年的光阴后，1907年春，兄弟二人又搬到同在本乡区东竹町的中越馆。中越馆是不是安静些呢？就地理位置看来，当比伏见馆更加热闹，住起来却是自有幽静。

这里饭费不菲，吃食却单调，口味又差，三天两头是油圆豆腐，里面加些素菜，用盐水煮。鲁迅吃腻了，常常用长方罐头咸牛肉佐餐。就是在这样的条件下，他翻译了不少小说，写作了发表于《河南》的论文，还到骏河台去学习俄文。

位于东京大学附近的西片町十番地乙字七号，是夏目漱石曾经租住的旧宅，当时，夏目在东京大学担任讲师，后来成为朝日新闻社专属作家，开始在报纸上连载长篇小说《虞美人草》。鲁迅非常喜欢这部语言狂欢的作品，每天早晨醒来，必是依偎在寓所的床铺上，叼着"敷岛"牌香烟，翻阅《东京朝日新闻》的小说版，每出一期就将《虞美人草》"切拔了卷起留着"。

1907年，夏目中止了租房合同。1908年4月8日，一个飘着雪的日子，鲁迅与许寿裳、周作人、钱家治、朱谋宣五人搬来同住，取名"伍舍"。门口路灯柱上贴的标牌便是。

许寿裳告诉我们，建筑在坂上的伍舍，居高临下，眺望甚佳，华宅新洁而美丽，庭园广大，隙地又多，年轻人们便种上了很多朝颜，变种极多，花色形状，千奇百怪。每当晓风拂拂，晨露湛湛，全部笑口齐开，仔细听还会有"拍拍"的声响。傍晚浇水，摘掉花瓣凋谢后的花蒂，再开的花朵便会和原先一般大小，尤为可爱。夏日荷池，清新可人，而当秋花满地，菊畦烂漫，蟋蟀初鸣，又是另一

伍舍外景

番美景！天堂也不过如此吧！①

　　周作人则提道，伍舍房间设计是南向两间、西向两间，均一大一小，即十席和六席，拐角处为门口，另有下房几间。钱家治住西向小间，大间作为食堂、客堂，鲁迅住在南向小间，大间里是许寿裳与朱谋宣。②

　　不得不说，许寿裳的文笔充满了诗情，而周作人的则

① 　许寿裳 . 亡友鲁迅印象记 · 许寿裳回忆鲁迅全编 [M]. 上海：上海文化出版社，2006：30—31.
② 　周作人 . 鲁迅的故家 [M]. 止庵，校订 . 北京：北京十月文艺出版社，2013：275.

客观具体，鲁迅的伍舍是否隐在一首旧体诗当中呢？又或是在《朝花夕拾》的序里暗暗呼应，只有他自己内心深处明了。

冬天来临，花木萧条，人也离散，先是朱、钱二人退租，许寿裳预备来年春天去德国留学，迟早也是要退。脱鞋处的石板显出一抹寂寥。1909年2月，鲁迅又在西片町十番地丙字十九号觅得一所小小的赁屋，预备与许寿裳、周作人三人暂时同住，待到许寿裳走以后，兄弟二人同住。

鲁迅在美丽的伍舍著译甚勤，常常是静悄悄的屋子里，灯芯吸油的声音和着秋虫唧唧，融汇在一起，而这位翻译家沉浸在仿佛是世界尽头的艺术世界里，心头闪烁着微光，但是他没有在睥睨俗众或是孤独地幻想，而是为文艺的灯火深深吸引，非常理性地向着人类精神高地探索与开掘。

不久，蒋抑厄夫妇来日治病，鲁迅便把房子让给他们住，自己与许寿裳、周作人挤在一处。蒋不通日语，生活全赖鲁迅多方照料，感激万分。两三个星期后，总算在附近另租了房屋，平时仍过来谈天。蒋氏垫付印刷费二百元资助兄弟二人出版《域外小说集》，便是这期间达成的。

周氏兄弟最喜欢逛书店，购书毫不吝惜。鲁迅尤其嗜书如命，即便是和许寿裳同游上野公园赏樱，也是因为到南江堂购书方便才去的。在喜欢描写的许寿裳笔下，上野的樱花是"一大片微微带红色的云彩。花下的茶肆，接

1909 年，浙江兴业银行创办人蒋抑卮（1875—1940）到东京治病，请鲁迅协助。卧病榻者为蒋抑卮，前排右一为鲁迅

留日期间的周作人

席连茵，铺以红毡，用清茶和樱饼飨客"[1]，真是人间天堂。而鲁迅却用"东京也无非是这样。上野的樱花烂熳的时节，望去确也像绯红的轻云"这样含蓄隽永的笔调来书写。"无非""确也"，呼应着对于这习见之美丽的漫不经心。会不会在某一天，盛开的樱花恍若一片败絮般令人忧郁，在鲁迅后来的文学作品中，我们总也找不着这样的自我投射。

与伍舍临近的神田书肆街是周氏兄弟常常光顾的地方，二人在旧书摊前搜购德文新旧书报，浏览出版消息，积极搜求包括匈牙利、芬兰、波兰、捷克、塞尔维亚、保加利亚等被压迫民族的诸国文学。这些国家的文学作品，在日本并不易得，英译本稀少，德文本虽说在瑞克阑姆（Reclam-Verlag）小文库中有不少种，可惜因没有销路，东京书店也不批发。鲁迅花大力气查各种书目，一本本列了书账，又千方百计地筹钱，托相识的书店向银座规模宏大的丸善书店征求定购。

东京的消费水平远远高于仙台，何况弟弟同来，开销加大，每月官费虽仍能保持33元，但支付衣食学费外，几乎没有盈余，鲁迅甚至为了补贴生活费用，去印刷所校对稿件。他们所定购的书籍往往两三个月之后才由欧洲遥遥

① 许寿裳．亡友鲁迅印象记·许寿裳回忆鲁迅全编 [M]．上海：上海文化出版社，2006：31．

寄来，这样的搜求正可谓"粒粒皆辛苦"。坐落于日本桥大街的银座丸善书店是周氏兄弟光顾最多的地方，这里以经营欧美书刊见长。屋内四面都是书架，中间摆有许多长桌。这里陈列着的，与其说是书籍，毋宁说是世纪本身。鲁迅笔下的旧书铺掌柜，仿佛是"静踞网上的大蜘蛛"，专待飞虫，而自己呢，常常是"逡巡而入，去看一通，到底是买几本，弄得很觉得怀里有些空虚"。回国后，鲁迅仍不时从丸善邮购书刊，直至晚年。

鲁迅那时购置的主要是德国瑞克阑姆出版社创立的万有文库（Universal-Bibliothek）小丛书。自1867年出版以来，这个出版社以德语翻译出版了大量北欧及俄国文

鲁迅留日时期的丸善书店

学作品，价廉物美，在德国的售价是每本20芬尼，据周作人回忆，在日本购买时每册一角至五角，是穷学生也负担得起的。很多我们现在熟知的19世纪的经典作家，比如现实主义作家屠格涅夫、陀思妥耶夫斯基、显克微支、塞万提斯、莫泊桑，现代主义作家波德莱尔、魏尔伦，等等，他们的作品鲁迅那时都已经购读了。包括一些至今还没有翻译过来的作家作品，并且有的书日译本、德译本甚至英译、俄译乃至中译本，只要能买得到，他就全部买下来，比如，尼采《查拉图斯特拉如是说》的德译本和日译本。而浏览日本新刊书与杂志则去东京堂。另外，鲁迅在日期间并非只购买外国作品，如果他发现中国已经散失不见了的古籍在文求堂的中文旧书中出现，便会果断买下来，比如《游仙窟钞》《古谣谚》等。还有中国古典名著的日译本，比如《忠义水浒传》等。不可否认，诸多日本作家的中国古典文学造诣深湛，得其三昧。除了万有文库，鲁迅还购买搜集其他出版社的各类文学小丛书。他也不是只买文学书，还购入了很多生物学、动物学和美术方面的书。传之后世的手书"拟购德文书目"，收录了柏林的希尔格出版社等五家德国出版社的五种丛书。

周氏兄弟孜孜埋首于新思想的涉猎与汲取，"过的全是潜伏生活"，他们对于陌生感的寻求远远大于熟悉感，阅读经验不断丰富和提高。只要能找到材源，兄弟二人就

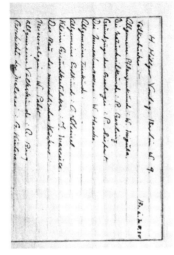

鲁迅拟购德文书目手稿，右为周作人所书说明

热切地根据各种译本互相参看，痴迷地张望和打量世界文学的风景。他们也时刻关注国内译界，凡畅销作品，便找来这一作家的其他作品阅读。如陈独秀指导苏曼殊翻译法国文豪雨果的《惨社会》1903年于《国民日日报》刊登（后镜今书局出版发行，改名为《惨世界》），他们便找到日本黑岩泪香1902年出版的日译本和另外英译本来参看。

在阅读时，周树人喜欢做剪报，还经常将喜欢的文学作品拿到订书店去，做成硬纸板书面，背脊用青灰洋

鲁迅搜购的瑞克阑姆万有文库小丛书及部分德文书

布，重新改装收藏。周氏兄弟喜欢的林纾所译小说就曾经
享受这样的待遇。目前有两本鲁迅做的日式剪报册遗留
了下来，其实就是他从所阅读的报纸杂志中拆解下来的文
章，然后另外编排，装订成一册的新书，鲁迅均手书目
次。其中一本是十篇日译俄国小说合订本，这十篇俄国小
说是普希金、莱蒙托夫、果戈理、屠格涅夫四位作家的作
品，其中屠格涅夫的作品有四篇，是四个作家里保存作品
最多的，而且译作发表的年代也较早。这说明，鲁迅最早

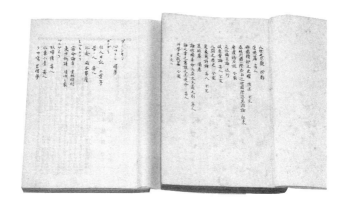

鲁迅手书日译俄国小说合订本目次与鲁迅手书1903—1908《河南》等杂志选文目次

接触的俄国作家并不是果戈理，而是屠格涅夫。另一本是从1903—1908年间分别发表于《河南》《民报》《浙江潮》《天义报》等杂志上选取的60篇诗文，包括章太炎、刘师培、陶成章、黄侃、汤增璧等12位作者。这两本剪报册于1966年在钱玄同遗物中被发现。

再是语言

鲁迅在日本的最后三年，再度东京与初度东京相呼应，关键词"语言"又一次占据学业履历的醒目位置。甚至可以说，在此期间的留学记录是参加了三个语言学习班。

1. 独逸语（德语）

从仙台医专退学之后，鲁迅并没有再去全日制学校读书，而是把学籍挂在位于东京神田区小川町一丁目的一所独逸语专修学校。据北冈正子考证，这所成立于1901年3月的私立学校，是德国学协会学校教授德语与一般学科的中等教育学校，只教独逸语（德语）。该校没有入学考试，任何人都可以依自己的学力入学，选择任一学级开始学，校规弹性，日夜授课，毕业考试只对希望进行毕业考试者实施，相当于私立语言培训学校。

彼时的日本国立学校，德语教育尚不够完善，德国学协会学校在推动日本德语教育方面担任着领头羊的角色。教师大多毕业于东京帝国大学或东京外国语大学，阵容强大。鲁迅在校时的讲师山口小太郎，是康德和尼采的最早介绍者，讲授过尼采的《查拉图斯特拉如是说》。学校规则及课表不同年份会有调整变化，通则规定："无故缺席一个月以及连续缺席两个月以上者除名。除名者须经办理再度入学手续方可复学。"鲁迅1906年在籍期间，9月1日开始新学期，分为普通科和高等科，教师梯队差别不大。学业年限都是两年，还有课外讲义，随时开课，10—12课时结束。学科课程为读法译解、习字听写、文法作文、会话。每周12课时，其中读法译解占7—8课时，文法作文一般占3课时，听写、会话各占1课时。鲁迅在仙台医专学习过一年多的德语，从普通科学级入学是可能的，他一共学了7个学期，则至少有3个学期是在高等科学习。

教科书的选定非常专业，讲授方式、学案也充满了巧思与创意。普通科使用与德国学协会学校相同的教科书，根据《独逸语学杂志》所刊1906年课程表，所用教科书均由独逸语学杂志社出版。特别是《独文读本》在日发行量极大。普通科第一期教材是《独文阶梯一》、《独文读本》第1卷；第二期是《独文读本》第2卷及第3卷，《独逸新读本》第4卷之一（大仓书店出版）；第三期是《高等独文读本》上卷、《独语教科书》第2卷、柯尔纳的小说；第四期是《高等独文读本》下卷、《独逸新读本》第1卷（大仓书店出版）。以上教材均为大村仁太郎、山口小太郎、谷口秀太郎合著或合编。这三位是独逸学协会学校自明治后期

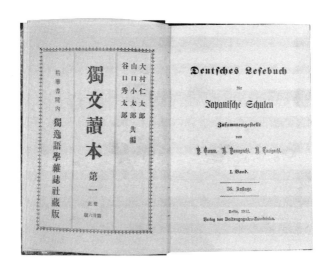

《独文读本》第一卷扉页

到大正时期教育和运营的支柱，他们所编德语教材被称为"三太郎文典"，发行量极大，对当时的日本青年通过德语摄取异文化发挥了重要作用。

高等科则使用德语原文小说做教材，涉及诸多德国著名文学家的作品，如席勒的《阴谋与爱情》《华伦斯坦之阵营》、易卜生的《海上夫人》、歌德的《少年维特之烦恼》《浮士德第一部》、古斯塔夫·弗赖塔格的《新闻记者们》、黑贝尔的《玛丽亚·玛古达列内》、海因里希·冯·克莱斯特的《马贩子科尔哈斯》，以及克莱斯特、耶林、豪夫、柯尔纳、佛莱塔格等作家的小说。鲁迅与许寿裳由此接受了明治日本最顶尖的德语教育。而于该校担任"国语"（即日本语文）教学的外聘兼课教师即《国民性十论》的著者芳贺矢一。

独逸语专修学校的毕业生90%都成为医生，也有医学院的老师。令人惊喜的是，其中有七位是仙台医学专门学校的鲁迅同学，就连他在仙台医专的德语老师也是该校毕业生。这不禁使人要问，鲁迅由仙台医专到此独逸语学校落下学籍，是否因为德语学得吃力，学医不畅，需要专门强化呢？不然的话，清廷因何理由同意周树人的退学申请，并仍然保有官费？至少在书面上是应该有明确正当的理由的。又或者，喜欢夜读的鲁迅，实在受不了作息严格要求的医学院，需要一种更加宽松自由的留学方式。

在弘文学院时期，鲁迅的学习自主性就充分体现出来了，既然独逸语专修学校的校规没有全日制学校严格，将教材、读本、讲义带回寓所，按照自己的作息和读书习惯安排学习，恐怕更加自律高效，也更能举一反三。虽然周作人讲乃兄只是落个学籍，基本不去上课，但其实鲁迅至少保持了令校方满意的出勤率。况且，不怎么出勤，实在不能说明鲁迅没怎么参与这所学校的课程，恰恰相反，从之后尼采进入其心灵世界的深度，从易卜生、柯尔纳进入其文学经验的丰富性，从歌德、席勒著作进入其藏书体系的时间久远，无不说明挂学籍于独逸语专修学校的三年，绝非仅仅为了解决官费打发光阴，而是鲁迅式留学独特的打开方式，也是最能体现其精神自由的轴心时期。

作为当时的国际性语言，逐渐夯实基础的德语为鲁迅洞开一方文艺新天地，成为其解锁各民族文学之门的密钥。此后，德语和日语在鲁迅的外国文学阅读活动中未曾稍离，与汉语一起共同涵养了其完善的知识结构、辩证的思维方式，乃至创造性心流。

2. 文字学

1906年6月，章太炎出狱，中国同盟会同人将其接到日本东京，迎于锦辉馆，簇拥者7000人。在《在东京留学生欢迎会上之演讲》中，章太炎明确表达过对于民族语言文字的重视，说："文辞的本根，全在文字，唐代以前，文人都通小学，所以文章优美，能动感情。"

《民报》自第六期始，主编为章太炎。鲁迅一生敬仰太炎先生的思想学问和风骨，称他为"有学问的革命家"。1908年夏开始，有大半年时间，鲁迅与许寿裳、钱玄同、周作人、朱蓬仙、龚未生、朱希祖、钱均夫七位同学一起去民报社，听太炎先生讲授文字学，成为第一批门生。最初，章先生是在大成中学的一间教室为青年讲学。鲁迅和许寿裳虽然很想去听，但因为与独逸语学校的课程安排相冲突，就托龚未生转达，希望先生另设一班。章先生慨然应允，地址就在先生寓所牛込区二丁目八番地《民报》社。这一小班同学每星期日清晨，前往受业，有四人是由大成中学再次来听讲的。

章门师生环绕一张矮矮的小桌，席地而坐。据许寿裳回忆，先生讲段氏《说文解字注》、郝氏《尔雅义疏》等，神解聪察，精力过人，逐字讲释，滔滔不绝，或则阐明语源，或则推见本字，或则旁证以各处方言。自8时至正午，历时4小时毫无休息。朱希祖的笔记记得最勤，谈天时，玄同像个话痨，在席上爬来爬去，说个不停。鲁迅便给他起了个"爬来爬去"的外号。幸运的是，鲁迅学习许慎《说文解字》的听课笔记完好地保留了下来。

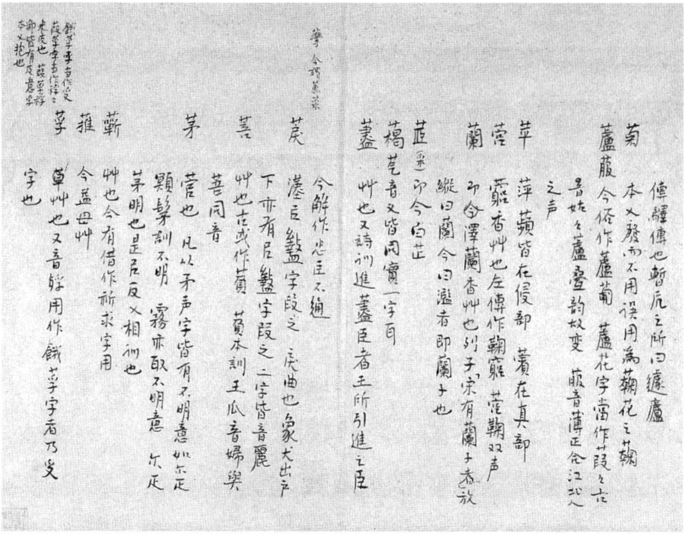

鲁迅学习《说文解字》的听课笔记

章太炎致鲁迅、启明的信

日中同文，留日学界越来越出现毫无批判地使用日本词汇、过度同化的现象。而中国古代汉语被日本人在翻译西语时过分生吞活剥地使用，正以简化了的新用语面目逐步进入近现代中国语文。比如，文学，采用的是古汉语"文章博学"的字面之义，对应翻译 literature，又使其具备了教育的外延与内涵。真正贴近美学核心的文学概念并没有树立起来，这应该是鲁迅追随章太炎师习文字学的外部刺激。

鲁迅听讲，极少发言，据许寿裳在《从章先生学》中的追念，只有一次，便是谈及文学的定义如何。"鲁迅答道：'文学和学说不同，学说所以启人思，文学所以增人感。'先生听了说：这样分法虽较胜于前人，然仍有不当。郭璞的《江赋》，木华的《海赋》，何尝能动人哀乐呢。鲁迅默然不服，退而和我说：先生诠释文学，范围过于宽泛，把有句读的和无句读的悉数归入文学。其实文字与文学固当有分别的，《江赋》《海赋》之类，辞虽奥博，而其文学价值就很难说。"① 许寿裳尤其欣赏鲁迅这种治学"爱吾师尤爱真理"的态度，并深刻体味到他对于什么是文学已经有了相对独立、深刻的思考。在章太炎看来，决定文章的

① 许寿裳. 亡友鲁迅印象记·许寿裳回忆鲁迅全编 [M]. 上海：上海文化出版社，2006：29.

优美全在既有本义又有引申义的汉字，汉字乃决定文辞的关键因素，成为衡量"文学"的根本标准。而在鲁迅眼中，这种看法未免汗漫。18年后，在中国南部的厦门大学，成为文学教授的鲁迅将在自己主讲的中国文学史课堂上，见解独到地自文字至文章逐步阐发汉民族文学的起源及生成史，并言简意赅地编写进授课讲义中。

正是在鲁迅前往民报社听讲期间，《民报》被日本政府以违反出版法之名义禁止了，并处以罚金，龚未生与许寿裳商量挪用了《支那经济全书》译本印费的一部分，化解了危难。据章太炎自拟年谱，清廷使馆派人潜入报社下毒，东京同盟会自此萧散。

3. 习俄文

俄国文学对鲁迅的影响至深且巨，可谓贯穿其一生文学活动之始终。最初打动鲁迅的是俄国文学"为人生"的主流态度，与"求自由"的革命精神。然而，鲁迅留日时期，日译俄国小说并不发达，19世纪中叶活跃在俄国文坛的经典作家作品进入日本已经是20世纪初年，而且，译作经过改写和编排，故事已成日本式。俄文翻译人才在日本相当缺乏，也就二叶亭四迷和昇曙梦两个人，二叶亭的译文艺术性又很高，基本日本化了，这与鲁迅所追求的诚实性差得太远，只能将之用作参考的资料，不好当作译述的依据。

不过，日语这一过滤器显然不是透明的，被阻挡住的俄文原作的光芒，由热烈转而微温，仍能间接温暖鲁迅孤独冷寂的心。小说这种在中国传统观念里供消闲之用的文类，在欧洲只属于上流社会绅士淑女的"艺术之宫"，竟能在此邦发出被压迫者的呻吟和挣扎之声，这让鲁迅感受到在自己的民族里汲取不到的热量。他越来越希望通过学习俄语直接通读俄国文学原著。

1907年秋天，由光复会成员陶望潮发起，鲁迅和周作人、许寿裳、陈子英、汪公权等，向因为从事革命而流亡到日本的玛利亚·孔特夫人学习俄语。陶望潮是光复会成员，也是因为受徐锡麟案牵连而流亡日本的。俄语班的授课地点就在孔特夫人居住的神田区，用的是托教员从海参崴（符拉迪沃斯托克）买来的一册初级教本。孔特夫人不通日语，只能用俄语讲授，周氏兄弟只好靠用字典和文法书自学。

那时，兄弟二人每天吃完晚饭就出发，由中越馆徒步走到神田骏河台。回来后，鲁迅便在洋油灯下用功，不觉别人都已睡下，东京街上的嘈杂声也消失殆尽。深夜寒凉袭来，鲁迅把手伸到身边的火盆上烘着。罩着铁丝网的火盆里，埋着的木炭底下，红灼灼的炭火微微映亮炭灰，也映亮了他棱角分明的脸。鲁迅独自吸着烟卷，皱紧眉头思索，忽而掐灭烟蒂，俯身几上，在清洁的日本纸上运笔急书，直到鸡鸣头遍，几乎夜夜如此。第二天房东整理炭盆，只见里面插满了烟蒂，活像个大马蜂窝。大地回春后，俄文授课地点改为西片町，路途远了，关键是学费每月五元，还是蛮贵的，几个人实在坚持不下去了，俄语班只好解散。鲁迅对于俄国文学的渴求，从此便通过英文或德文去间接寻求满足。

反清革命

　　一般认为，鲁迅于1904—1905年加入了以反对清朝为宗旨的民族主义革命团体光复会（成员多为浙江、江苏两省出身者），比如，沈瓞民就很明确地说鲁迅加入了，但至今并未见到明确的名册记录。在同时代人的回忆里，鲁迅对于自己参加反清革命的述说往往持一种超然轻松的态度，甚至自称"革命的强盗"，比如如下被广为征引的一段：

　　　　上级命令他去暗杀某要人，临走时，他想，自己大概将被捕或被杀吧，如果自己死了，剩下母亲怎样生活呢？他想明确知道这点，便向上级提出了，结果是说，因为那样地记挂着身后的事情，是不行的，还是不要去罢。①

甚至让人感到不严肃——"强盗们吃肉，是拿出这么大的家伙（他用手作了一个比划），你要是不把它全部吃掉，他们可要生气哩。"而在日本友人山本初枝夫人面前，鲁迅更是朗笑着说过："我曾经当过强盗，强盗的情况，我可熟悉啦！"②上述听上去洋洋得意，色彩鲜明得出奇的记忆叙说缘于周陶二人曾经无比熟悉。陶成章是个同下层社会有着广泛联系的革命家，到处奔走，计划起义。章太炎就戏称他"焕强盗""焕皇帝"，鲁迅也跟着这样称呼他，所以才如此随便。

1907年夏，徐锡麟在安庆刺杀安徽巡抚恩铭，发动安庆起义，弹尽被捕，次日被杀害，秋瑾也在绍兴古轩亭口就义。秋瑾在东京留学期间，鲁迅与她有往来。12年后，在《新青年》发表小说《药》，以之为原型创造了夏瑜这个革命者典型。晚年仍在《病后杂谈之余》一文中写道：

① 增田涉.鲁迅的印象[M].钟敬文，译.陈秋帆，校.长沙：湖南人民出版社，1980：30.
② 增田涉.鲁迅与"光复会"[M].卞立强，译.鲁迅研究室.鲁迅研究资料：第2册.北京：文物出版社，1977：338.

章太炎

徐锡麟

陶成章

秋瑾

"轩亭口离绍兴中学并不远，就是秋瑾小姐就义之处，他们常走，然而忘却了。"[①] 可见对其一生的深刻影响。

受徐锡麟案牵连，光复会重要成员陶成章、龚未生、陈子英、陶望潮等逃到日本，经常来鲁迅、周作人所在的中越馆谈天说地，慷慨激昂地议论国事。特别是陶成章，喜欢谈的是什么地方不久就可以"动"起来了，口讲手画，眉飞色舞。为了防避日本警探搜查，陶成章经常把一些光复会的会党文件送交鲁迅保存。其中有手抄的会党的联合会章，会章中有一条说，凡违反规章者"以刀劈之"。又有空白票布，布上盖有印章，其中有一枚是红缎的，叫作"龙头"。陶成章曾笑谓鲁迅："填给你一张正龙头的票布何如？"[②] 据有人考证，"正龙头"是一种很高的职位，是仅次于"君主"以下的"将帅"，是可以自开"山堂"的"老大哥"。这一切均表明他对鲁迅的信任，鲁迅在他的心目中是革命意志坚定的同志。陶成章同鲁迅开怀畅饮，常常谈到吃饭光景。主人身边有钱，就添一样菜，否则就吃普通饭。这应该就是回忆录里"我和强盗们有往来"的史实了。不过，在鲁迅后来的辛亥书写中，对于革命党人狂

---

① 鲁迅 . 病后杂谈之余 [M]// 鲁迅 . 鲁迅全集：第6卷 . 北京：人民文学出版社，2005：195.

② 周作人 . 关于鲁迅之二 [M]// 周作人 . 鲁迅回忆录 . 北京：北京出版社，1999：893.

热的革命浪漫，有深刻的反思。"杀身成仁舍生取义"的暗杀幻梦，赖以成事的队伍侠义、草莽、散漫，诸此种种因素复杂地混搅在一起，往往形成了一种不乏野蛮的所谓"气"，因之，鲁迅在心灵上终究没有成为他们中的一员。

后来鲁迅还对成为伴侣的许广平谈起目睹的一次暗杀。一位革命领导泰然自若地和朋友聊天，彼时正有部下遵照命令在实际行动着丢炸弹。震耳的响声传来，鲁迅脑海中首先出现的是实际工作者可能惨死的境遇，为此而焦烦不堪，而那位革命领导却面不改色，仿佛什么都没有发生似的。这让鲁迅惊佩不已。① 鲁迅索性老实交底："远地方在革命，不相识的人们在革命，我是的确有点高兴听的。""如果我的身边革起命来，或者我所熟识的人去革命，我就没有这么高兴听。"②

革命近在咫尺，然而鲁迅对此保持了文学距离。其实远不止于此。鲁迅虚构的未庄居民之所以存在，正是因为这一段特殊的历史，也正是在这些人中间，出现了纸上角色范爱农、夏瑜、N 先生、假洋鬼子。文章运用了记忆的魔法，却不是那么具有自我指涉性。作为一名精微的思考

① 许广平 . 民元前的鲁迅先生 [M]// 许广平 . 许广平文集：第2卷 . 南京：江苏文艺出版社，1998：442 .

② 鲁迅 . 在钟楼上——夜记之二 [M]// 鲁迅 . 鲁迅全集：第4卷 . 北京：人民文学出版社，2005：30 .

者，鲁迅不会对历史与现实作简单粗陋的关联，他默默隐随在革命先驱者的影子里，记录下沸腾鲜血瞬间冷凝后无尽的苍凉。他独看到炒食革命党人心肝的不仅是当权者，更有默不作声的民众，"震骇一时的牺牲"尤显得"无谓"。他一直坚持现实的不确定性，以及由此衍生的意义的不确定性。实际上，他去世前一直认为应该好好写一部辛亥革命史。

文艺运动

1.《新生》夭折

　　1907年，中国留日学生要求出版权独立，意气高扬。正是这年夏天，鲁迅和周作人、许寿裳决定一起筹办杂志，"介绍外国新文学"，最初拟用"赫戏"或"上征"，都采用《离骚》的词句，但觉得不容易使人懂。的确如此，估计今天就更少人能懂了。思来想去，最终决定借用但丁作品"La Vita Nuova"，翻译过来即"新生"，以此做杂志名称，意谓"新的生命"。不过，马上就有人背地取笑说，"新生"难道不是新进学的秀才吗？

以鲁迅的文艺眼光，杂志的封面选用了刚去世三年的英国画家华慈的作品《希望》，描绘的是一位失明女子抚弄独弦诗琴。文中插图已备好，还准备了俄国反战画家威勒须却庚的《骷髅塔》和英国军队把印度起义者缚在炮口处决的图，并订印了不少日本楮质稿纸，长方一张，14行，每行34字，格子不大，适合用自来水笔书写。内容定位更是目标清晰，主打介绍欧洲新文艺思潮，尤其是弱小民族、被压迫民族的文学。其宗旨精髓集中体现在了后来发表于《河南》杂志的《摩罗诗力说》这篇宏文中。

谁来写稿呢？当然周氏兄弟首当其冲，另外明确可知的还有胡仁源、袁文薮等，后来二人因私人原因离开了日本，袁文薮一度回到国内，家中纸行破产，经济窘迫。这位比鲁迅大八岁的才子于1902年11月，以在科举考试中获取"壬寅科副贡"的身份自费游学日本，此前曾经创办过鼎鼎有名的《杭州白话报》。鲁迅很欣赏他的诗文，佩服他的学识，引为同人，是心中特别倚重和期待的作者骨干。然而，却无缘携手。

《新生》的出版之期接近了，但最先就隐去了若干担当文字的人，接着又逃走了资本，结果只剩下不名一钱的三个人。创始时候既已背时，失败时候当然无可告语，而其后却连这

《新生》封面

三个人也都为各自的运命所驱策，不能在一处纵谈将来的好梦了，这就是我们的并未产生的《新生》的结局。①

当时留日学界很多杂志办得相当成功，引领潮流，而《新生》计划却失败了，这对于鲁迅来说是个很大的打击，相当长一段时间，他深深陷入浓重的寂寞和悲哀，痛切地领悟到"我决不是一个振臂一呼应者云集的英雄"。

《新生》的夭折其实也是一个谜，历史留下了太多未知。由于鲁迅没有具体回忆细节，周作人刚刚到东京还没有完全进入鲁迅的朋友圈，从"若干担当文字的人""也幸而寻到几个同志了，此外又邀集了必须的几个人……"这样的表述看，同人队伍的规模应该不小。但具体都是哪些人，到底什么原因隐去了，为何逃走了资本，其中有什么样的故事乃至冲突，潜台词其实很丰富。有学者推断出陈衡恪、苏曼殊应该也是拟被邀请参加《新生》计划的人，因为当时用心于文艺的留学生本来就少，很可能在东京对于治文学与美术有兴趣的留学生都曾经有过联络。

翻译活动与经营杂志是留日学生所从事介绍启蒙思

① 鲁迅.呐喊·自序 [M]// 鲁迅.鲁迅全集：第1卷.北京：人民文学出版社，2005：439.

想和宣传革命的思想运动之双翼，鲁迅拟创办的第一个同人杂志却不明就里地流产了，没有文艺阵地，而感到"无可措手的悲哀"。但他本人立志翻译被压迫民族反抗文学的决心却愈加坚定，便独自探索到世界文学花园的幽深处，"引那叫喊和反抗的作者为同调"。

2. 发声《河南》

1907年，留学生在日本创刊的中文杂志共21种，质

《河南》杂志

量领先于国内杂志，发行量也很大，《河南》《四川》《天义》都办得风生水起，鲁迅想在《新生》上说的话，终于可以在《河南》上说了。

1907年末，河南籍留日学生越来越多地加入了同盟会，为传播革命思想，同盟会河南分会会长曾绍文及该会骨干成员决定在东京创办《河南》月刊，旨在激发河南人民乃至全国人民的爱国热情，鼓吹革命："排脱依赖性质，激发爱国天良，作酣梦之警钟，为文明之导线。"① 杂志总经理是张钟端，总编为刘积学。鲁迅自己的杂志没有办成，恰遇《河南》杂志编者通过光复会成员孙竹丹来约稿，于是慨然应允。

从1907年12月到1908年12月，《河南》共出版9期，篇幅超过一千页。杂志辟有图画、社说、政治、地理、历史、教育、军事、实业、时评、译丛、小说、文苑、新闻、来函、杂俎15个栏目，内容丰富，形式多样，文字生动活泼，是一个在当时影响力大、革命性强的战斗刊物。鲁迅以"令飞""迅行"为笔名，在此先后发表了《人间之历史》《摩罗诗力说》《文化偏至论》（头条）《科学史教篇》《破恶声论》（未完）五篇编译的文言文章，以及一篇译文《裴彖飞诗论》，文体语风充分显示了此期间对于章太炎师

---

① 由张钟端执笔的《河南》杂志广告，连续刊登在《豫报》第四、五号上。

的追随。他拒绝使用骈文，亦不效仿风靡一时的梁氏新文体。其中"别求新声于异邦"的《摩罗诗力说》最长，连载两期，据说稿费也是蛮高的，且根据长度而递增。

当一部分留学生钻在东京或其他的图书馆里，专意搜集抄写明末遗民著作，翻印《扬州十日记》《嘉定屠城记略》，将满人残暴的记录输入中国，希望使忘却的旧恨复活，助革命成功的时候，年轻的鲁迅正为拜伦的诗而心神俱旺，尤其是看见他那花布裹头，去助希腊独立时的肖像，更加为这浪漫孤独的拜伦式英雄激昂。"宁可让这只右手永远枯瘦，但我们的圣琴绝不为异族弹奏！"① 革命思潮正盛，凡有叫喊复仇和反抗的，便容易惹起感应。鲁迅还注意到波兰的复仇诗人密茨凯维支，匈牙利爱国诗人裴彖飞（裴多菲），为西班牙政府所杀的菲律宾文人厘沙路，德国剧作家霍普特曼、苏德尔曼，挪威剧作家易卜生等当时在欧洲正负盛名的作家，在中国译界却几无人知。于是，他便参考拜伦、雪莱、普希金的作品及作家传记、东欧国家文学史及文学评论等明治日本最新著作，写下《摩罗诗力说》，来介绍这一批西方富有反抗精神的诗人，并翻译了裴彖飞的诗歌，赞美诗人们为撒旦（佛语谓之

---

① 拜伦.在巴比伦的河边我们坐下来哭泣 [M]// 拜伦.拜伦诗选.查良铮，译.北京：人民文学出版社，2021：61.

摩罗）的化身，如何借诗歌之力，发为光华，刚健不挠，勇于战斗，以此激励、号召国人打破沉寂，"发为雄声，以起其国人之新生"。

《人间之历史》是介绍西方生物进化论学说最早的一篇文章，也是我国介绍德国著名科学家海克尔学说最早的文章，鲁迅参考了《宇宙之谜》《进化新论》等日文著作，充分肯定达尔文、海克尔等人在破除神学、弘扬科学方面的积极作用，向国人传播介绍进化论思想；《科学史教篇》针对当时"崇古"和"蔑古"两种思潮，专门介绍西方自然科学发展史，倡导科学精神，同时也指出提倡科学不应妨害文艺的发展，把莎士比亚（原文译作狭斯丕尔）、拉斐尔（原文译作洛菲罗）、贝多芬（原文译作培得诃芬）、嘉莱勒和牛顿、波尔、康德、达尔文一视同仁，主张科学与文艺并重，如此人性才能全面发展；《文化偏至论》则针对当时顶礼奉迎西欧各国铁路矿事、制度文明之末者，强调文化思想启蒙的重要性。论者一一辨析19世纪以来演变的社会思潮，批评近世文明的虚伪与偏至，质疑物质至上与服从庸众，提出著名的"立人"主张，呼唤建立张扬个性、雄厉无前之"人国"，此文实际上批判了梁启超的改良主义。《裴彖飞诗论》和《破恶声论》虽没有载完，但也表达了运用文艺的武器，促进民族觉醒的深刻思想。

鲁迅这几篇激扬文字的编译之作，思想深刻，内容广泛，是他向国人翻译介绍国外新学说、新思想，以启发民智的具体文化实践，意在用科学来振兴邦国，用文艺来改善民族，同时更为注重文学的特性及美学功能，以激发灵感、愉悦身心。文章所据各有材源，日文、德文、英文，令人目不暇接，显示了无比开阔的历史视野、驾驭辨析材料的游刃有余，以及知识生产的创新能力。著名的"立意在反抗、指归在动作""掊物质而张灵明，任个人而排众数""人立而后凡事举""取今复古，别立新宗""人各有己，而群之大觉近矣"等精彩的言说，都是出自这些文章，显然它们是连续的思想统一体，具有精神亲缘性，闪烁着鲁迅思想的独异光芒。其文笔动人心弦，不同凡响，与其心理和精神深度不无关系。它同时具有一种诗学品格，就如曼陀罗一样文质兼美，显现了他的文学志业，更是预示和引领了他的学术志业。

20年后，在北京西三条21号官门口周宅，时为鲁迅学生的许广平重新对照《河南》杂志逐一抄写这五篇文章，随后收入鲁迅的杂文集《坟》。作为鲁迅一生思想的骨骼，作为鲁迅式"文艺复兴"思路的早期呈现，由于表达现代观点的古文随着时间的流逝，愈来愈显得晦涩难懂，新时期以来不断有学者将这五篇文言文译成白话。

3. 异域文宗

1914年或1915年，上海广昌隆绸缎庄一家寄售处忽然火起，这不是一般的绸缎庄，库存里还有若干《域外小说集》，那是五六年前出版于日本的毛边本。

> 我们的书和纸板，都连同化成灰烬；我们这过去的梦幻似的无用的劳力，在中国也就完全消灭了。[①]

一代代读者读着鲁迅上述文字割肉般的疼痛，一代比一代更加痛彻骨髓。

这就是被鲁迅自嘲为"在那年（一九〇七或一九〇八年）开始，也就在那年结束，只出了薄薄的两集"[②]"小本经营，姑且尝试"[③]"然终于大为失败的事业"（1932年1月16日鲁迅致增田涉）。

---

① 鲁迅.《域外小说集》序[M]// 鲁迅.鲁迅全集：第10卷.北京：人民文学出版社，2005：176.

② 鲁迅.320116（日）致增田涉[M]// 鲁迅.鲁迅全集：第14卷.北京：人民文学出版社，2005：196.

③ 同①。

然而，新文化运动掀起后，这一项寂寞失败的事业，逐渐引起了新文化界的关注，《域外小说集》得以重印。尽管以古文讲述现代，抵抗留日学界风行的日本文气，试图唤起文化回响与新生的努力，显现为"久不开封的纸裹里"寻出的"诘诎聱牙"生硬字句，但它本质的光辉无法遮蔽，社会期待译成白话，从而广行。

明治日本的翻译界以勤勉与迅捷闻名，目标往往锁定欧美一流文学，然而，充满了文人式的豪杰译，一度吸引周氏兄弟的国内翻译大家林纾，又倾心于意译，将人名地名加以本土化也就罢了，内容还多有删改，乃至构成误译。这让鲁迅越来越感到不满足，在他眼中，翻译应该忠实于原著，"任情删易，即为不诚"。就像反思中国国民性缺乏"诚"与"爱"一样，在翻译小说方面，他也极力主张"诚"。

"文艺可以转移性情，改造社会"，在追忆笔调中，显现为一种茫漠的希望，而在最初，它们却是追梦般的瑰丽朝霞。在不停变换的租房里，鲁迅与周作人艰苦地翻译东欧被压迫民族小说，立志纠正误译的不良风气，却没有急功近利地去追求明白畅达。与中国相比，东欧及巴尔干诸国不但因为自然环境、社会环境差异大而故事特别，作品被重译的可能性也大大减少。更重要的是，战斗的作者让鲁迅大为钦佩，他们的呼号使鲁迅"明白了世界上也有这许多和我们的劳苦大众同一运命的人"①。当然，寻觅冷僻的材料和"稀奇古怪的国度"所产出的文学作品也是为了译作的销路打算。为此，鲁迅甚至也想搜求印度和埃及的作品，却苦于无法获得。

《域外小说集》收录至为审慎，避开了那个时代主流最受欢迎的故事，而独辟蹊径地选择了斯拉夫民族文学。第一册收录的三个国家的七篇小品中，俄国就有五篇，包括契诃夫的两篇、安特莱夫两篇和迦尔洵的一篇，使其几乎成了俄国短篇小说专辑。另外两篇是波兰显克微支与英国王尔德的作品。从专意做日译俄国小说合订本，到学俄语，购读俄国小说，鲁迅逐渐深入到俄国文学的腹地，后来走在了日本译界的前面。他对安特莱夫和迦尔洵的阅读和翻译，证明了不凡的眼光。第二册收小说九篇，美国的爱伦·坡一篇，俄国迦尔洵一篇，波兰显克微支两篇，法国莫泊桑一篇，芬兰哀禾一篇，波思尼亚穆拉淑微支两篇。

其中，鲁迅只据德译本翻译了三篇，即安特来夫的《默》《谩》和迦尔洵的《四日》。翻译中，他很用了几个偏僻的字，排印时不得不请印刷局特地铸造。许寿裳曾对照德文译本一一读过，"觉得字字忠实，丝毫不苟，无任

① 鲁迅.《英译本短篇小说选集》自序 [M]// 鲁迅.鲁迅全集：第7卷.北京：人民文学出版社，2005：411.

意增删之弊，实为译界开辟一个新时代的纪念碑"[①]，认为鲁迅是"中国介绍和翻译欧洲新文艺的第一人"。作为鲁迅的同窗，对终身挚友冠以"第一"这样的评价，是许寿裳的自豪感使然，尤其是当鲁迅的公众形象已经达到民族魂的高度之后。实际上，所谓"异域文术新宗，自此始入华土"，强调的是"新"，而非"始"。1900年12月中国留日学生杂志《译书汇编》便创刊了，当然是"专门译载介绍欧美的法政名著为宗旨"。邹容便不但通读了卢梭、孟德斯鸠等人的名著，并且以"则吾将执卢骚诸大哲之宝旛，以招展于我神州土"的气魄，为这一普罗米修斯般的伟业激情而烧尽自己。那时候的鲁迅甚至没有资格参加留日学生纯粹基于学术立场而组成的翻译团体，然而，作为个体的他毕竟以自己的方式与世界文学的总能量开始产生链接。当然，许寿裳的评价也是中肯的，正是周氏兄弟首次向国内引入弱小民族国家的文艺之声。

《域外小说集》的序言、略例也均出自鲁迅手笔，他还负责文字的润饰修订、版式书样设计、联络出版发行等琐碎事务。及同时代与此前译著比较，无论是翻译态度，还是在装帧、版式乃至标点方面，《域外小说集》都做了

---

① 许寿裳. 亡友鲁迅印象记·许寿裳回忆鲁迅全编 [M]. 上海：上海文化出版社，2006：54.

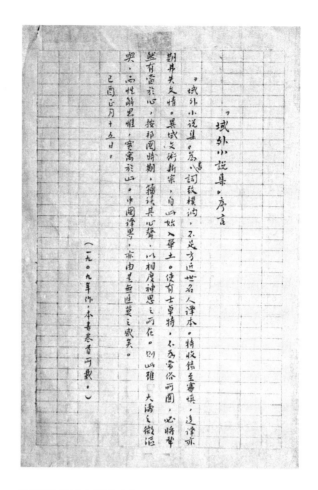

鲁迅手稿《域外小说集》序言

东京神田版《域外小说集》书影

新的尝试。封面题字请的是陈衡恪，配画鲁迅仍然选用了
缪斯女神拨奏里拉琴的素材。里拉琴也就是诗琴，这一核
心要素的执着出现使人仿佛看到《新生》的复活。《域外
小说集》初版纸质极佳，毛边不切，浑然天成，装订完全
新式，异常考究，留白裕如，无处不透露着鲁迅对于如何
使一本书获得生命的痴迷。

　　为了赚取生活费，鲁迅曾经担任《支那经济全书》的
文字校雠工作，结识了承印该书的神田印刷所的人，领略
到日本发达的出版印刷业。对方业务很得要领，与鲁迅
颇谈得来，这样《域外小说集》也找神田印刷所来承办。

鲁迅（前排左一）、许寿裳（前排右一）、蒋抑卮（前排中坐者）等合影，
1909年摄于东京神田江木照相馆

1909年，鲁迅（左一）与许寿裳（后立者）、蒋抑卮（右一）合影

1909年3月、7月，《域外小说集》一、二册均由神田印刷所初版，署"会稽周氏兄弟纂译"，发行人：周树人；印刷者：长谷川辰二郎；总寄售处：上海英租界后马路乾记弄广昌隆绸庄。这就是蒋抑卮开的铺子。当年，蒋抑卮来东京治疗耳疾，鲁迅协助其翻译和外联等。在鲁迅的生命故事中，蒋抑卮毫无疑问发挥的是"行动元"的功能，《域外小说集》一、二册在这位银行家的资助下如愿出版了。

可惜即便在知识阶层中间，《域外小说集》也太精英小众，销路不佳，第一册印了1000册，当时夏目漱石的《我是猫》上中下三部曲单行本（1905—1907），各卷初版本的印数不过1000—1500册而已，可见鲁迅的雄心。然而，发行半年后，在东京只卖出21本；第二册遂减半，印了500册，仅卖出20本，在上海也只卖出20本左右。第一册何以多卖一本呢？就因为有一位极熟的友人，担心寄售处不遵定价，额外需索，所以亲去试验一回，果然划一不二，就放了心，第二本不再试验了。

这20位固定读者是谁，如果记录在案，估计不少也是同行；即便是他们，读完也会摇头叹息说："以为他才开头，却已完了！"无奈那时的读书人看惯了一二百回的章回体，短篇在眼中即等于无物。那么，普通读者数量自是难以乐观。直到若干年后，国内也登载了一篇显克微支的《乐人扬珂》——一个乡村羸弱儿童因痴迷音乐被虐待至死的悲剧，杂志编者却加上小字"滑稽小说"！这提示鲁迅精心养成的书活在什么样的历史气候中，正是"人类的悲欢并不相通""连自己的手也几乎不懂自己的足"①。

诚如鲁迅所言，介绍外国新文学，"一要学问，二要同志，三要工夫，四要资本，五要读者"。《域外小说集》的编译一切都是从零开始。"当初的计画，是筹办了连印两册的资本，待到卖回本钱，再印第三第四，以至第 X 册的。如此继续下去，积少成多，也可以约略绍介了各国名家的著作了。"② 在"新译豫告"中，我们还可以看到更加宏大的翻译计划，甚至有出单行本的意愿。但是由于根本收不回本钱来印第三册，这项寂寞的事业只好叫停。已成的书，鲁迅和蒋抑卮分赠很多友人，余书便都堆在上海寄售处堆货的屋子里。后寄售处起火，尽管没有全部化为灰烬，但也损失惨重。

实际上，两位中国青年的广泛涉猎和海量阅读，特别是不通过日语而自主的翻译行为，当时就引起了日本文

---

① 鲁迅 . 俄文译本《阿 Q 正传》序及著者自叙传略 [M]// 鲁迅 . 鲁迅全集：第 7 卷 . 北京：人民文学出版社，2005：176.

② 鲁迅 .《域外小说集》序 [M]// 鲁迅 . 鲁迅全集：第 10 卷 . 北京：人民文学出版社，2005：176.

化界的注意。《域外小说集》第一册刚刚出版两个月，东京三宅雪岭主编的《日本及日本人》杂志第508期（1909年5月1日）"文艺杂事"栏便如此报道"住在本乡的周某，年仅二十五、六岁的中国人兄弟，大量地阅读英、德两国语言的欧洲作品。而且他们计划在东京完成一本名叫《域外小说集》，约卖三十钱的书，寄回本国出售。已经出版

东京三宅雪岭主编的《日本及日本人》杂志第508号

了第一册，当然，译文是汉语"[1]，字里行间透出的历史张力，将我们弹回到20世纪初。循着他者的目光，我们才回看到，"以所有资斧少年精力"，首辟荒地的周氏兄弟如何勤奋地在大量阅读，阅读又是一种多么关乎国家进步，引起他国瞩目的行为。文化曙光，将入华夏——即便最初只卖出20册。"当然，译文是汉语。"一语道出中国的读书界究竟有进步，默默有益于中国读者的耕耘者究竟存在。周氏兄弟的精神活动已经共振于生活于斯的明治东京之文化能量场中。

1921年，群益书社终于出版《域外小说集》增订版，将东京神田版合二为一。由《域外小说集》可见，除了摩罗诗人，鲁迅最喜欢的外国作家还有始终带着"含泪的微笑"的果戈理、"警拔锋利"之显克微支、"低徊超绝"之夏目漱石、"清淡腴润"之森鸥外、"悲世甚深"之迦尔洵、"神秘幽深"之安特来夫。鲁迅与这些外国小说家们如遇故交，会心领首，他通过翻译来自我发现和建立认同，与自身的文化和历史进行角力。此后的人生旅途中，他将持续与这些作家对话，携手共同创造新的意义。

① 戈宝权 .《域外小说集》的历史价值 [M]// 伍国庆 . 域外小说集 . 长沙：岳麓书社，1986：4.

鲁迅，1909 年摄于东京

1909年9月，鲁迅结束了七年的留学生活回国。而弘文学院也于此时关闭。其实，鲁迅并没有归国之意。他后来说，自己当时"想往德国去"，但"因为我的母亲和几个别的人很希望我有经济上的帮助，我便回到中国来"[①]。很遗憾，对于鲁迅的留学故事来讲，这是一个19世纪小说的传统结尾，也恰恰是最鲁迅式的结尾。

---

① 鲁迅.俄文译本《阿Q正传》序及著者自叙传略[M]//鲁迅.鲁迅全集：第7卷.北京：人民文学出版社，2005：85.

附录 1

"这一个讲堂中"的"电影"

——观看之道与鲁迅的"弃医从文"

引言
何以"幻灯片"

　　首先，让我们综合现有史料与文本，归纳一下，鲁迅在仙台都看到了什么？他看见陌生的先生，研究室的人骨头骨标本[1]、解剖室的尸体、不敢下刀的年青女尸和婴孩幼孩尸体[2]，也看到了活生生的俄国战俘；他看见有3名同班同学应征报名到日俄战争的前线——中国东北，也看到

---

① 鲁迅.朝花夕拾·藤野先生 [M]// 鲁迅.鲁迅全集：第2卷.北京：人民文学出版社，2005：314—315.

② 许寿裳.亡友鲁迅印象记 [M]// 马会芹.挚友的怀念——许寿裳忆鲁迅.石家庄：河北教育出版社，2001：10—11.

了临床教学医院里不断增加的伤病员；他看见人山人海的祝捷大会，自己的房东作为领队，率领仙台居民喊出"万岁"的呼声，也看到了1905届仙台医专超半数的毕业生选择去做军医①；他看见学生会干事借用医学笔记时伪装的笑脸，也看到了以"你改悔罢！"开头的莫名其妙的长信②；他看见德国制造的最先进的幻灯机③里映出放大后清晰的细菌形状，也看到了画片上的日本将士如何"英勇作战"④；他看见中国俄探被日军残忍处决，也看到了围观的中国人麻木的神情……⑤

然而，出现在《呐喊·自序》《藤野先生》及相关鲁迅自传里的却只有"电影"⑥，尽管那张中国俄探被日军处

---

① 渡边襄.鲁迅与仙台 [M]// 鲁迅·日本东北大学留学百周年史编辑委员会.鲁迅与仙台.解泽春，译.北京：中国大百科全书出版社，2005：56.

② 鲁迅.朝花夕拾·藤野先生 [M]// 鲁迅.鲁迅全集：第2卷.北京：人民文学出版社，2005：316.

③ 现代汉语外来词有些来自日语。与本题相关的来自日语的新语汇有：幻灯、版画、演说、讲义、艺术、杂志、医学、警察、舞台、剧场、展览会、博览会、欢送、斗争、观念、图案、导师、解剖、旗手、奸细、侦探、处刑、执行、偶然、干事、资本、意识形态等。

④ 同①。

⑤ 鲁迅在《呐喊·自序》《藤野先生》《俄文译本〈阿Q正传〉序及著者自叙传略》《鲁迅自传》四个文本中均有叙述。

⑥ 鲁迅所言"电影"有幻灯片和纪录影片两种可能。

死的幻灯片至今并没有找到①。为什么鲁迅选择的"弃医从文"的导火索，是"电影"，而不是别的？观看"电影"与浏览新闻图片展，目睹仙台浓厚的庆祝战争胜利的场

---

① 1965年东北大学医学部细菌学教室的石田名香雄博士在整理房间时发现的鲁迅就读时期所使用的幻灯机和15枚反映日俄战争的时事幻灯片，内容是从1904年5月到7月间拍摄的战争题材。原来是20张一套，现在缺少第2、4、5、12、16张，是东京市浅草区并木町的鹤渊幻灯铺制造、出售。这家公司的广告报上刊登有"出售俄国电影第2部15张，第4部20张，第7部30张，第8部30张"等。这里的"电影"指的是幻灯片，可以看出日俄战争时局的幻灯胶片有好几种。（《河北新报》1905年1月6日）1980年第3期《社会科学战线》发表隗芾的《关于鲁迅弃医学文时所见之画片》，介绍了一张"刊载于日本大正元年（公元1912年）11月2日印制的《满山辽水画册》"的照片；王保林在《介绍一张与"幻灯事件"有密切关系的照片》（《鲁迅研究动态》1987年第9期）一文中推测鲁迅看过的幻灯是根据这张照片绘制的；1983年第4期《西北大学学报（哲学社会科学版）》发表了日本同志社大学教授太田进的文章《关于鲁迅的所谓"幻灯事件"——介绍一张照片》，同时公布了他收藏的一张照片；王锡荣在《关于"幻灯事件"的"诗"与真实问题——兼谈我遗失的一份文献》（《上海鲁迅研究》2007年第2期）一文中提到他在一本韩国文书籍里看到过同样的幻灯片系列里有俄探奸细之斩首的照片，但是具体出处记不清了；廖久明意欲重新树立中国大陆学者对"幻灯片事件"真实性的信心，认为俄探奸细之斩首的新闻图片完全可以在一年的时间内被制作成幻灯。（《"幻灯片事件"之我见》，《鲁迅研究月刊》2014年第10期）日本学者铃木正夫在《促使鲁迅弃医从文的照片为三船敏郎之父所摄——对鲁迅文学转向的再探讨》（赵陕君译，《中国现代文学研究丛刊》，2020年第1期）一文中认为俄探奸细之斩首图片说明为1905年3月20日，并非发表时间，也不一定制作成幻灯，并推测出该照片可靠的摄影师。

面，瞥见被关押的俄国战俘，注目同班日本同学报名参战，这一切观看所带来的个体体验有何不同？它们之间又有什么必然的内在关联？或者说，在"弃医从文"的背面，没有被直接呈现的历史以及鲁迅的精神图景是怎样的？

让我们再回顾一下鲁迅在国内的成长岁月，他看到的是什么？《山海经》里印的虽然粗拙却还耐看的"刑天舞干戚"的绘图[①]；床前贴着的"八戒招赘""老鼠成亲"的花纸[②]；百草园里肥胖的黄蜂、轻捷的叫天子[③]；社戏舞台上踱来踱去唱不完的老旦[④]；当铺老板侮蔑的眼

① 鲁迅.朝花夕拾·阿长与《山海经》[M]// 鲁迅.鲁迅全集：第2卷.北京：人民文学出版社，2005：255.

② 鲁迅.朝花夕拾·狗·猫·鼠[M]// 鲁迅.鲁迅全集：第2卷.北京：人民文学出版社，2005：243.

③ 鲁迅.朝花夕拾·从百草园到三味书屋[M]// 鲁迅.鲁迅全集：第2卷.北京：人民文学出版社，2005：287.

④ 鲁迅.呐喊·社戏[M]// 鲁迅.鲁迅全集：第1卷.北京：人民文学出版社，2005：594.

神①；亲戚们面对"乞食者"②③的脸色；父亲的喘气至咽气④；最需要一点忍耐力的恐怕还有就读于江南陆师学堂附设矿务铁路学堂时，到青龙山走下去的黑漆漆的矿洞，面对"鬼一般工作着"的矿工⑤。

与现代战争比起来，国内所看到的一切，即便是"世人的真面目"，也是和平主调下的世态炎凉、生老病死。换言之，对于鲁迅的成长历程来讲，伴随着科学知识的获取同步而来的是科学毁灭性的面向。正像电影既可以传授科学真理，也可以传播意识形态。传统观看方式并没有使鲁迅做出决绝的人生道路选择。不对，应该这样说，鲁迅的叙事经纬里没有选择传统观看方式来铺垫他的"弃医从文"，而"幻灯片"——最先进的科学教学方法，以进入中国现代文学不可阻挡之势，深深震撼了叙事者与读者的

① 鲁迅.呐喊·自序 [M]// 鲁迅.鲁迅全集：第1卷.北京：人民文学出版社，2005：437.

② 鲁迅.集外集·俄文译本《阿Q正传》序及著者自叙传略 [M]// 鲁迅.鲁迅全集：第7卷.北京：人民文学出版社，2005：85.

③ 鲁迅.集外集拾遗补编·鲁迅自传 [M]// 鲁迅.鲁迅全集：第8卷.北京：人民文学出版社，2005：342.

④ 鲁迅.朝花夕拾·父亲的病 [M]// 鲁迅.鲁迅全集：第2卷.北京：人民文学出版社，2005：297—299.

⑤ 鲁迅.朝花夕拾·琐记 [M]// 鲁迅.鲁迅全集：第2卷.北京：人民文学出版社，2005：307.

双重心灵。

因而，何以"幻灯片"？这是一个仙台鲁迅之问，也是中国现代文学之问。对此问题，先行研究已经持续了近60年，大致可并分为实证①、虚构②、无论幻灯片有无的开

① 山上正义采访鲁迅时，曾问起其是否真实，鲁迅回答："大体上就那么回事吧。"实证派学者参照本书160页注释1中寻找幻灯片的中日学者。

② 通过实证研究中找不到鲁迅看到幻灯片的直接证据，让一部分学者推导出鲁迅的书写是虚构的结论。王德威认为这是一桩"无头公案"，幻灯经验很可能是杜撰。{王德威. 想象中国的方法——历史·小说·叙事 [M]. 北京：生活·读书·新知三联书店，1998：136.} 李欧梵甚至认为《呐喊·自序》也是小说。{李欧梵，罗岗. 视觉文化·历史记忆·中国经验（代序）[M]// 罗岗，顾铮. 视觉文化读本. 桂林：广西师范大学出版社，2003：12.} 最具有代表性的论文是日本"东北大学鲁迅研究课题组"负责人大村泉教授的《鲁迅的〈藤野先生〉一文是"回忆性散文"还是小说？》，该文在纪念鲁迅逝世七十周年国际学术讨论会上引起了强烈反响。{绍兴文理学院，等. 鲁迅：跨文化对话：纪念鲁迅逝世七十周年国际学术讨论会论文集 [M]. 郑州：大象出版社，2006.} 日本佛教大学文学部教授吉田富夫认为《藤野先生》"叫作'创作'也并非言过其实"。{吉田富夫. 周树人的选择——"幻灯事件"前后 [J]. 李冬木，译. 鲁迅研究月刊.2006（2）：60—72.}

放性文本①三大类，并由此产生了"幻灯片事件"（"幻灯事件"）这一称谓②。我更倾向于将其放在鲁迅回忆天平上的事实与诗之间衡量，思考的延伸是对此该基于什么样的

①　竹内好最早质疑"幻灯片事件"与"弃医从文"的因果关系，没有穷究事实真相，而是将研究重心放在对鲁迅文学自觉的探索上。{竹内好.鲁迅[M].李心峰，译.杭州：浙江文艺出版社，1986；新岛淳良.《藤野先生》——其诗与事实[M]//广西师范学院外语系.文学评论译文集.左自鸣，译.桂林：广西师范学院外语系，1985：34；唐弢.鲁迅传——一个伟大的悲剧的灵魂[J].鲁迅研究月刊，1992（8）：44—45.阿部兼也在《关于藤野教授对鲁迅解剖学笔记的批改》一文中认为，当时的仙台乃至日本全国，有关战况的报道家喻户晓，枪杀、斩首的画面随处可见。即使是弄清了事实的真伪，也无关大局。鲁迅的记述，还是真实地反映了当时日俄战争气氛下的社会状况。抛开幻灯片是否存在转而深入探究鲁迅精神世界的研究，不纠结于真实与虚构，同时也体现出对于"虚构"的理解不一。对此，潘世圣即注意到中日研究者除了事实认定以外的分歧，背后还潜藏着两国在文学文化观念以及思维逻辑上的差异。参见潘世圣的《事实·虚构·叙述——〈藤野先生〉阅读与日本的文化观念》。}关于这一学术链条的成果在后续论证中会有针对性的征引，兹不一一例举。
②　张历君教授在《时间的政治——论鲁迅杂文中的"技术化观视"及其"教导姿态"》一文中认为鲁迅当时正被大量与"日俄战争"相关的摄影形象所包围是不可否认的事实，因之将鲁迅对"幻灯片事件"的"记述"视作对这一状况的"文学描述"。本文仍从这一意义上采纳"幻灯片事件"这一称谓，作为分析鲁迅写作中的摄影形象领域的起点。参见罗岗、顾铮的《视觉文化读本》，第284页。

角度发问，而不是非此即彼的选择性疑问句①。具体说来，我将由"所是：无意外的历史本事""所观：文本内景中的经典意外""所述：内在注视与文学话语的错位"三个方面展开论述与辨析。

一、所是：无意外的历史本事

因看到日俄战争中中国俄探被处死而受到心灵震撼，从而由仙台弃医回到东京从事文艺运动，这是基于历史本事与鲁迅的个人真实经历而来的问题缘起。

幻灯教学是20世纪初年日本最新式的教学法，1903年文部大臣到仙台视察教育时，仙台医专首先被视察的工作便是幻灯教学。讲授细菌学的中川爱咲教授曾经留学德国，当他回国后建议学校从德国购买幻灯机时，因价格昂贵而引起财务人员的不满，而中川教授宁肯以扣除自己部分工资的方式补充经费也坚持购买。鲁迅自1906年1月仙

---

① 60年来，围绕"幻灯片事件"的发问主要有以下六个问题：（一）鲁迅看的究竟是"电影"还是"画片"？（二）当时课堂上教的究竟是"微生物"还是"霉菌学"？（三）鲁迅究竟看到了什么——他所说的画面究竟是否存在？（四）画面中杀人的手段究竟是"砍头"（被斩）还是"枪毙"？（五）整个事件究竟是虚构的故事或"诗"还是真实的历史？（六）鲁迅"弃医从文"的真实原因究竟是什么？前五个问题的预设都是非此即彼，而且这些问题对于进入鲁迅文学的原点均无关紧要。

台医专第二学年第二学期开始修细菌课，中川教授的确在课堂上播放了"电影"画片。然而，俄探斩首的那一张至今并未找到，据合逻辑的推演，应该也不会包含在当时遗留下来的20张彩色画作的幻灯片当中。幻灯片对于鲁迅的冲击力远远大于其他观者。据鲁迅当时的同学铃木逸太回忆：幻灯的解说由中川教授亲自进行，也许有中国人被日军杀死的场面。在上映的幻灯片中，好像有喊万岁的场面。学生大体是静静地看着。后来才听说这件事成了周树人退学的理由，当时周树人却没有说过这件事。[①] 作为回忆，上述说法也只能是一种不可靠的佐证。

需要强调的是，日俄战争的时局本身并不是仙台医专细菌学课堂上的一个意外。这一点无论是从战前、战中还是战后，作为个体鲁迅的真实体验和反应来讲，都可以充分证明。早在1902年4月，鲁迅初抵东京时期，中国已病，列强环伺，留日学界舆情愤懑，革命思潮汹涌激荡。由留日学生组成的拒俄义勇队致函袁世凯，要求奔赴中国东北前线，抵御外侮，义愤之情溢于言表。《浙江潮》"留学界记事"栏全文刊载了此函。在而后以日本陆军士官学校学生为首改组的学生军队伍名单中，可见许寿裳分在乙区二

① 渡边襄.鲁迅与仙台[M]// 鲁迅·日本东北大学留学百周年史编辑委员会.鲁迅与仙台.解泽春，译.北京：中国大百科全书出版社，2005：71—72.

分队、黄兴分在乙区三分队。一时间，留日学生制服竟似成了革命军制服。以秋瑾为代表的激进女学生更深感无面目在日本留学。鲁迅并没有同好友许寿裳一起签字报名参加拒俄义勇队，而是在革命思潮一日千里的情势下，远离废学忘食、唱言革命的东京中国留学生群体，独自到偏远的仙台医专就读，可见其属于既已负笈东渡，更当沉心研学的少数派。据统计，1901—1911年在日本23所医校留学的中国医学生中，1905年在籍的仅有3人[1]，周树人当为其中之一。1903年7月，日俄开战前夕的气氛已相当浓郁，开战论如同雪崩一般，鲁迅必看的《东京朝日新闻》成为主战论的阵地。与此同时，他站在被压迫民族的立场上尽量客观地观察日本及日本人，也尽最大努力通过阅读日译俄国文学作品去深入了解俄罗斯[2]。

日俄于1904年2月开战，鲁迅向仙台医专提出入学申请则在三个月之后，而告别了文艺之都东京来到的恰是日本的军都——距离俄国最近，同时日俄战争氛围也最浓厚的仙台。弘文学院毕业选择专业学校时，鲁迅对此是有所了解和心理准备的，乃至抱持着对很可能成为"列强"的

①　实藤惠秀.中国人留学日本史[M].谭汝谦，林启彦，译.北京：生活·读书·新知三联书店，1983：113.
②　姜异新."百来篇外国作品"寻绎（上）——留日生周树人文学阅读视域下的"文之觉"[J].鲁迅研究月刊，2020（1）：10—29+82.

日本的高度警惕。① 宫城县首府仙台拥有2万户、10万人口，是承担大约1万名士兵的军都。这里以仙台市兵事义会为中心，经常举行出征士兵欢送会、祝捷会等活动，并建立救助出征士兵家属组织，形成了体现明治日本自上而下、国民皆兵的战争推进体制。对日本人来说，日俄战争意味着每个家庭要出一名成员参战。整个战争期间，仙台出兵1508人，战死105人，伤病千余人。② 仙台居民对此引以为豪，一直沉浸于日军在中国东北战场节节胜利的欢庆氛围中。1905年1月5日，旅顺陷落，仙台停车场前举行欢庆大会，15000多名市民参加，会场上悬挂着国旗彩旗，乐队演奏，鸣放烟花爆竹，以爱宕山山上的烟火为信号，走出家门的市民们鸣钟击鼓，高呼万岁。像这样举城相庆的场面仙台先后有五次，而鲁迅来到后便遇到了四次，置身浸润，深入体察到维新以来日本的国民效忠和强兵精神。同时，一批批俄军俘虏被送到仙

---

① 鲁迅曾经警告同伴们说，日本野心勃勃，作为近邻，又对中国的弱点了如指掌，若是日本战胜沙俄独霸东亚，则事态就会很严重，中国将要遭大祸。他批评蔡元培在上海创办的报纸《俄事警闻》"衵日而抑俄"，并请沈瓞民转告蔡元培三点意见："（一）持论不可衵日；（二）不可以'同文同种'、口是心非的论调，欺骗国人；（三）要劝国人对国际时事认真研究"。{沈瓞民.鲁迅早年的活动点滴[M]//鲁迅博物馆，等.鲁迅回忆录.北京：北京出版社，1977：52—53.}

② 仙台鲁迅研究会.鲁迅在仙台的记录[M].东京：日本平凡社，1978.

台，起初被收容在片平丁的监狱署，医专的学生们随时可以看到他们。①

仙台医专受到的战争影响更是非同一般，鲁迅入学后，全校先后有5名教师、1名职员、5名学生应征奔赴前线。随着战况的进展，伤病员增多，仙台医专的临床教学医院即市内东三番丁的宫城医院，从1904年12月起，便要求医专教师和四年级学生前去帮忙。1905年5月日本海海战胜利，仙台医专独自举行了祝捷大会，之后医专师生又参加了市民大会。"救人的医学维新者，竟也对杀人的战争屠戮高呼'万岁'"，置身于景观之中的鲁迅，心中况味，不难推想。学生们建议学校提前考试。6月1日起，一年级新生周树人与同学们一起换上夏季校服，21日走进考场，连续考了6天后，两个月的暑期长假到来了。这一年仙台医专有57名学生毕业，34名当了军医，军医约占毕业生的60%。②

作为国内军校毕业生，鲁迅曾如是追述学医选择的理想——"战争时候便去当军医"，然而，万分尴尬的是，假如做了军医他将去救治谁呢？试问，彼时的"清国"有

① 渡边襄.鲁迅与仙台[M]//鲁迅·日本东北大学留学百周年史编辑委员会.鲁迅与仙台.解泽春，译.北京：中国大百科全书出版社，2005：71—72.
② 同①。

实力抵抗乃至仅仅是承受一场现代战争吗？可以说，从东京开往仙台的火车启动的那一刻起，鲁迅就直接步入了日俄战争的场域，走进了帝国视域下巨大的幻灯片当中。即便没有"常常随喜我那同学们的拍手和喝采"[①]，在仙台人山人海的战争欢庆氛围中，作为个体的周树人也不得不为之裹挟，沉默即等于随喜。如果说，在东京期间，这样的氛围尚可以"躲进小楼成一统"，将之虚化于共同的时代背景中，而仙台，特别是仙台医专——与救人直接相关的专业学校，甚至教学医院成为日俄战争的后方医院——主体则不能不置身其中，成为时局幻灯片本身。"幻灯片事件"因之成为一个隐喻。拍手的日本学生恰似照片里站在战俘后面层层包围着的日本兵，沉浸于此战争氛围的中国留学生周树人成为被迫观看杀戮国人的旁观者。日俄战争行进中的仙台医专，为鲁迅近距离地靠近俄国，提供了一个具体化的现实场景。这比阅读俄国文学更多了一份独特的生命体验。这也同时意味着，如果鲁迅当初选择去金泽、千叶、冈山、长崎等地的医专学校[②]就读，并不一定会辍学，此乃仙台的独特性使然。（1901年作为日本近代西洋

---

① 鲁迅.呐喊·自序[M]// 鲁迅.鲁迅全集：第1卷.北京：人民文学出版社，2005：438.

② 渡边襄.鲁迅与仙台[M]// 鲁迅·日本东北大学留学百周年史编辑委员会.鲁迅与仙台.解泽春，译.北京：中国大百科全书出版社，2005：44.

医学的教育机关刚刚成立的、从旧制高中的医学部分离出来的医学专门学校只有这5所。）

还需要特别指出的是，日俄战争的时间跨度是1904年2月8日至1905年9月5日，鲁迅离开仙台则是1906年3月，所看到的如果是幻灯画片，已经不是"正当日俄战争的时候"[①]的时局新闻，而是刚刚过去的历史。战争结束时，鲁迅正从度过第一个漫长暑假的东京重返仙台，期间亲见中国同盟会成立，而后开始第二学年以解剖学为主的医学学业。也就是说，正是在日军继甲午海战后第二次获胜，"军国热"高涨的巅峰时刻遭遇细菌学讲堂上的幻灯教学。

由此可见，无论战前、战中还是战后，身在日本的鲁迅全面把握日俄战争时局，在讲堂上看到的"电影"之外，早已通过各种形式观看了很多，哪怕是被强加的。民族屈辱感远非讲堂上的"顿悟"或"震惊"。[②]

---

① 鲁迅.呐喊·自序 [M]// 鲁迅.鲁迅全集：第1卷.北京：人民文学出版社，2005：438.

② 韩琛.入戏的观众：鲁迅与现代东亚新视界 [J].中国现代文学研究丛刊，2014（5）：1—14.

二、所观：文本内景中的经典意外

如果从视觉文化特点入手考量，鲁迅看到的到底是幻灯片、纪录影片，还是新闻图片展览，这个问题显然不可等而视之。李欧梵曾经提出过这一问题，然而对此没有展开论述。①

幻灯片是静默的，瞬间闪回的序列播放；纪录影片是有主导性话语解说的动态电影；新闻图片报道或展览则没有声音和连续性动作，更不会有欢呼回应的场景。事实已证明，当时鲁迅的周边不乏各类有关俄探斩首这样视觉冲击力非常强的新闻照片与报道。照相机发明于1839年，电影1886年被介绍到中国，纪录片则出现于1900年。日俄战争中，除日本、俄国之外，法国、英国、美国的随军记者和摄影师，摄制了大量的纪录影片，竞相报道战况。仙台曾多次举办与之相关的摄影展。据《仙台电影大全集》记载，1897年春仙台开始公开"活动照相"，即无声电影。1909年7月设立常设馆。日俄战争的时局幻灯上映会是1904年7月，仙台只有一次（《东北新闻》1904年7月30日）。纪录影片的上映是在开战之后的4月，最初在森德，

---

① 李欧梵，罗岗.视觉文化·历史记忆·中国经验（代序）[M]// 罗岗，顾铮.视觉文化读本.桂林：广西师范大学出版社，2003：11—12.

然后是市内剧场，在鲁迅留学期间曾经举行过几次。[1] 日本学者阿部兼也推断，鲁迅很有可能是在教室之外的场所看到了中国俄探的行刑场面。[2] 在我看来，甚至也很有可能是鲁迅在暑假回到东京时所看到的，乃至还有回国探亲

---

① 渡边襄.鲁迅与仙台[M]//鲁迅·日本东北大学留学百周年史编辑委员会.鲁迅与仙台.解泽春，译.北京：中国大百科全书出版社，2005：76；新岛淳良.关于鲁迅的幻灯事件[M]//刘柏青，张连第，王鸿珠.日本学者中国文学研究译丛：第二辑.吉林：吉林教育出版社，1990：175—190.依据当时鲁迅的生活情况和他对该事件的描述，认为电影应按字面解作电影而非幻灯片.他说，当时，鲁迅是仙台市的"森德座"常客，在那里，鲁迅的同班同学铃木逸太往往一看到鲁迅出现，就与学友耳语道："喂，周来了！""森德座"常常上映一些日俄战争的新闻电影，并且还上映各种与战争有关的活动画片和木偶片.1905年1月自22日开始的一周，"森德座"更召开了"日俄战争影会"。他推测道，鲁迅自小爱看戏，而当时鲁迅领得的生活费远远超同班同学，足够支出他每天到剧场看戏，因此，鲁迅很可能看过与日俄战争有关的新闻电影或活动画片.因此，新岛认为，鲁迅在叙述幻灯片事件时，混淆了课堂和剧场的记忆，而鲁迅所说的电影或新闻画片有可能是新闻电影而非幻灯片。

② 1933年5月，时任《东亚日报》上海特派员的申彦俊对鲁迅进行采访并写成如下报道，登载于《新东亚》1934年4月号上："（矿务学堂）毕业后的我，怀着中国在人种改良、人种变强之后就能成为强国的想法，去日本学习医学。那时，我还认为日本明治维新始于医学。但是，两年后，在某种活动照相中，看到了中国人当作间谍的一员而被枪杀的场面，我就想要提倡新文艺，让中国在精神上复活，于是放弃医学，开始一边研究文艺一边写小说。""活动照相"即无声电影。{阿部兼也.以朝鲜人申彦俊《鲁迅访问记》为中心——从"人种强化"走向医学，从处决俄探的"活动照相"走向文学[J].中国季刊，1999(57)}渡边襄则指出申彦俊引人注目地具体谈到了据鲁迅说是在市内的电影院所放映的新闻影片中看到的。{渡边襄.鲁迅与仙台[M]//鲁迅·日本东北大学留学百周年史编辑委员会.鲁迅与仙台.解泽春，译.北京：中国大百科全书出版社，2005：70.}

目睹、听闻各类有关日俄战争的新闻消息，包括邹容牺牲狱中。无论如何，1905年夏季对于留日生来讲，是最令人难以忘怀的悲愤的夏季。

然而，鲁迅为何独独选择了细菌学教室的幻灯片教学这样一个课堂情境来烘托他的"弃医从文"呢？具体来讲，鲁迅为什么没有把它设计成如下情境：孤零零的中国留学生，独自一人在阅览室翻阅到俄探斩首的照片，悲愤交加，茕茕独行于樱小路，暗下决心，弃医从文……鲁迅没有这样写，而是选择了有日本学生欢呼的课堂，选择了播放"电影"的视觉叙述。对这一问题，或许从文学话语的特性进入才是阐释的有效路径。

在各种具体的观看中，观者的主体性是不一的。如果是在阅读报纸新闻，阅读行为可以随意中断；如果是在参观展览，可以自主选择参观路线与感兴趣的展品，尽管有说明导引，对于不认同的展示也可以略去不看。那么，活动电影呢？又分两种，如果是幻灯片，观者被固定于组合在一起的图片顺序中，静态图像成组连续地出现，貌似呈现出一种活动趋势，现场还会配有人工解说。受众在序列化观看中，努力去理解幻灯片所释出的动态"信息"，逐渐习惯于简化历史的图像阐释模式、不可逆转的意见陈述，主体性因之相对减弱。而如果是纪录片，传播技术升级，"静态影像"流转为"活动影像"。为了主导观者的思维和渲染气氛，还能配上临场感般的解说乃至音效。这时，随着视觉技术的强化，同样的图像比在报纸和展览中更加显示出魔力，"勿需质疑"地向观者传递权威信息，使之逐渐略去独立思考的过程，而习惯于直接去"理解"。面对纪录片，一般观众很难不被对方的主导带入。然而，即便纪录片有如此难以让人抗拒的魔力——观众误以为自己就是历史或时局的见证者，而实际上只是观众而已——仍然可再分为两种主体状态。一种是独自观影，观众可以选择中途退场，以显示主体性；另一种是集体观看，中间很难做出超群的独异反应，特别是将这种集体观看置于讲堂之上，危险则是致命的，主体性几乎完全丧失。因为，讲堂具备影片、观众、互动三要素，不仅有类似剧场效应，[1]更可借助于教育的权威性，使观者完全处于只能接受的被动地位。由于学生是不能随意离开课堂的，即便是课堂间隙的几分钟，由于大多数人不会放过这样的求知时刻，必要的瞬间离开也会迅速归位，成为集体观看中的一员，因

---

① 在1922年12月3日写作《呐喊·自序》之前一周，鲁迅刚刚有过一次观剧经历。即11月26日陪同苏俄盲诗人爱罗先珂观看燕京女校学生在协和医院礼堂演出的莎士比亚的《无风起浪》。三天后，即12月29日爱罗先珂写下《观北京大学学生演剧和燕京女校学生演剧的记》一文，鲁迅译后刊发于1923年1月6日《晨报副刊》。

而，选择此种情境播放日俄战争的时局影片，就成了不得不看，不得不接受。鲁迅便如此于文本中高密度地集中呈现了帝国意识形态符号，让人不难体察明治日本的帝国迷梦如何以鲜明的意图，运用最先进的科技手段加以彰显与渗透。这样的叙述内含了太多的潜台词，不能不说具有非常强的诗学力量。"在阅览室里看到一张或几张新闻图片，静态、孤立、平面，无法高度集中地来展现"几个层面的意义。[①] 只能采用直接描述、心理独白，或者直抒胸臆的传统表现手法，而"一篇一个新样式"的作家鲁迅会满足于如此单一地表达自我吗？特别是在第一部小说集《呐喊》出版之际。

讲堂关联着意识形态最鲜明的符号——教科书；幻灯机作为当时最先进的教学仪器，是现代科学的象征，恰兴起于帝国势力大肆扩张之际；电影意味着工业革命后的大众文化，是具有高度情感潜能的，能够被深刻映入想象和回忆的表演图像，而历史纪录影片的魔力，尤其在于以图像扭转历史时空，与其重叠，将其封闭。以拉康观点一言以蔽之，即"在视觉这方面，一切都是陷阱"。

幸亏，教室里还有一个由前现代位移至现代的"我"尚在觉醒中，能够识破这一切话语霸权，拒绝与之共同赏

---

① 罗义华. "幻灯片事件"与精神胜利法——从一个新发现的旁证出发 [J]. 鲁迅研究月刊，2018（11）：5.

鉴，尽管当时已陷入"无论辩白与否，都已经是屈辱"的尴尬境地。这样的集体观看场域内振动着的每一分子仿佛都在宣告——你看到的就是真的，从而由"就像我当时在场一样"产生"我当时的确是这样"的幻象，将游离于"集体荣光时刻"的"我"逼到无地自容。

这也是为何提起"弃医从文"，更容易让人想到《呐喊·自序》《藤野先生》，几乎不会想到其他鲁迅自传的原因。上述接受美学效应，恰恰证明了，《呐喊·自序》《藤野先生》里的"幻灯片事件"叙述更具有文学话语的特性，而且运用了视觉占领认知中心的科技与美学的双重冲击力，其他鲁迅自传则仅仅是普通话语的讲述。

在文学话语性最强的叙述文本中，"幻灯片事件"下的叙述主体，其内心景观如何呢？影像中暴力行径程度之深，给人重重一击，在毫无心理预备且尚无法克制内心情感的一刻，一种过激的情绪忽然令"我"认识到"我"是谁：在殖民者日本的被奴役者。而作者鲁迅的内在注视又是一种怎样的模式？质疑视觉表面的意义，穿透主观性、具象性抵达一种内在的、隐秘的、受权力主宰的现实。具体说来体现在以下两个方面：

一方面，幻灯片作为科学新进展呈现了文化表征下的深层意义。谁也不会否认，看的行为发生在现实的社会语境下，各种关系千丝万缕地交织在一起，构成一个错综复杂的视觉现场。以《俄探斩首》①《满洲军中露探の斩首》②这两张新闻图片为例,在画片内部,中国战俘为日本兵主宰式的目光所掌控,成为被观看、被审视的主体,视觉暴力是外显的;在画片外部,控制了画片视角的是国际新闻摄影师,视觉暴力是隐含的;而在仙台医专细菌学讲堂上对画片的观看中,则以日本师生为主体,唯一的中国留学生是被忽略的。正是上述观看者对中国战俘的目光所落之处,泄露了帝国立场的视觉规则。在"弃医从文"的文学性文本中,鲁迅将国民性话题置于更为整体的世界处境、现代性扩张的进路中去打开。这意味着,"清国"在世界上是任人杀戮、拍摄与哄笑的,而且是哑言的,现代中国该如何去呐喊,如何表达和展演自身,成为鲁迅最为深入的反思。

① 附有说明,"坑前的俄探被杀了,旁观者中有的士兵笑了(摄于1905年3月20日满洲开原城外)",据说,12月11日发行的照片集《满山辽水》上刊登了。画面上的俄探中国人被绑着,日本士兵挥舞着军刀,旁观者中有中国人。没有证据可以证明,鲁迅在仙台时这张照片已公开发表。{渡边襄.鲁迅与仙台[M]//鲁迅·日本东北大学留学百周年史编辑委员会.鲁迅与仙台.解泽春,译,北京:中国大百科全书出版社,2005:74}
② 《实记》第108号(1905年12月13日号)以整版登载的凹版照片,并附有日文和英文标题、解说。"满洲土人中,有为俄军充当间谍将我军动向通告敌军者,抓住即处死。本图就是其中之一。"{渡边襄.鲁迅与仙台[M]//鲁迅·日本东北大学留学百周年史编辑委员会.鲁迅与仙台.解泽春,译.北京:中国大百科全书出版社,2005:74.}

另一方面，快速切换的新视觉技术下的暴力美学，对于鲁迅而言，已经不是屈辱感冲击力太强的问题，而是最大限度地激发了个体的文艺感受。换言之，尽管是被迫看到的幻灯片，却被其独特的呈现方式深深吸引了，那是一种前所未有的触及心灵的表现力，尽管幻灯在鲁迅写作《呐喊·自序》的1922年已经不再是新鲜事物。早在1995年，美国学者周蕾即认为，鲁迅的意外与震惊来自影像方式而非意外地看到了幻灯片，并指出"技术化观视"（the technologized visuality）即摄影技术的形象领域对于鲁迅的冲击。砍头的影像，是一种西方新兴视觉媒体的暴力叙述，体现了西方殖民者的嗜血本质，鲁迅用这样一次电影经验来解释他为何走上创作道路。亦即鲁迅是通过观看电影才认识到他及其时的国民是在世界的关注下作为一种景观而存在的。而鲁迅意外看到幻灯片的经历在中国现代文学史上被一致性地误读，证明了视觉文化批评在中国文艺界的滞后乃至缺席。随着一次视觉遭遇催生中国现代文学之父，视觉性、镜头感也从此被带入20世纪中国文学的书写当中，成为其重要表征。① 二十多年来，在对周蕾这一研究成果的征引和批评中，鲜有从鲁迅自幼年时对于

① 周蕾. 视觉性、现代性与原始的激情 [M]// 罗岗，顾铮. 视觉文化读本. 桂林：广西师范大学出版社，2003：261—262.

图画的喜爱，其内心深处所蕴藏的致力于现代美育的巨大潜能出发来展开学术对话。[①] 在我看来，恰恰是自幼年时代对于图像的特别兴趣，才促使鲁迅在日本时被电影深深吸引，或者说选择用这样的视觉经验来阐述"弃医从文"。直到1930年代倡导连环画这种大众艺术形式的时候，他还非常自信自己的前瞻眼光，认为用活动电影来展示（showing）而不是讲述（telling）的教学，将会收到意想不到的效果。[②] 所以，"电影"作为核心要素出现在鲁迅的回忆文本中，是叙述主体一次崭新美学体验的展示，一次对于传统美学视野的出离。特别是，鲁迅本身的回忆书写也非常像在播放影片，瞬间由拍手喝彩、俄探桌首切换到了"弃医从文"，迫不及待地分享视觉暴力经验，并由"据解说"顺带揭出五四"人的文学"的启蒙命题。这种闪回

---

① 韩国学者全炯俊指出周蕾将静止的幻灯片（slide）与动态电影(film)通用为film，没有对照分析二者的差异，其关于鲁迅视觉经验使之退回传统书写的论断构建了另一种鲁迅文学起源的新神话。而视觉媒介与病态国民性两个要素的结合才使得冲击效果达到最高值。（《幻灯片事件的诠释与翻译》，《汉语言研究》2013年第2期）许徐虽然没有提及周蕾的先行研究，但专门论述了鲁迅的图像启蒙，将"山海经"与"幻灯片"联系起来，认为二者是考察鲁迅图像观的两个"原型"事件。{许徐. 从"山海经"到"幻灯片"：鲁迅图像观的发生学考察——兼及"左翼图像学"的创构 [J]. 文艺理论研究，2016（2）：196—208.}

② 鲁迅. 南腔北调集·"连环图画"辩护 [M]// 鲁迅. 鲁迅全集：第4卷. 北京：人民文学出版社，2005：457.

的语言策略构造了一种特有的并置空间中的认知逻辑，喻示着中国进入了景观社会。然而，周蕾只是在认同鲁迅说法的基础上以视觉文化理论分析文本，并没有结合其他史料，而且只是提到了视觉经验，没有阐释讲堂经验，且论证的是鲁迅文学创作的"起源"，非从事文艺运动的起源。更令人遗憾的是，其在二元对立的思维中将论点落脚到了鲁迅不得不回归文字书写的传统，无力涵盖电影和医学的技术来完成其后的从文。但众所周知，所谓的视觉震惊后，鲁迅并没有马上创作，且在1918年发表《狂人日记》之前便有参与开拓中国视觉艺术的实践，比如在教育部社会教育司策划举办了系列展览；1913年翻译日本心理学家上野阳一所作《艺术玩赏之教育》《社会教育与趣味》，详细阐述雕刻绘画、建筑居室、器物玩具、人体衣饰等美的艺术；写下了《拟播布美术意见书》等文章。事实证明，弃医后的鲁迅是倾心致力于视觉美育的。

需要强调的是，读者对于鲁迅"弃医从文"的决绝感受是通过阅读印刷技术传递的语言符号，透过字里行间独立思考"幻灯片事件"的叙述特质、写作纹理、语义学要素所得来的心灵经验，是对鲁迅所述视觉体验的再度图像化，而非如同鲁迅自身一般直接来自形象功能编排视觉图像所施加的不可抗拒的力量。正如周蕾所言，这样的叙述有意无意地吸收了电影视觉性留下的痕迹，如节略技术、剪辑和焦点化等，将影像美学要素融进了文字书写。也就是说，鲁迅用文字书写回放了一次仙台医专讲堂上的视觉经验，来阐述一个中国留日医学生如何走上了治文学与美术的道路，从而精心构建了文本内景中的经典意外。

三、所述：内在注视与文学话语的错位

鲁迅在仙台的内在注视穿透媒介表象空间究竟看到的是什么？一言以蔽之，那就是扩张期日本在东亚的帝国野心与殖民企图，然而，鲁迅是如何表达他的"所观"的呢？众所周知的中国人麻木的神情。

如前所述，促使鲁迅"弃医从文"的并非日俄战争的开始，而是战争以日本胜利而结束。日本以东亚一个蕞尔小国战胜了欧洲庞然大物的俄国，国际地位骤然提高，不仅吞并了朝鲜，更意欲将俄国强占的满洲夺为己有，作为继续侵略中国的跳板。而鲁迅在战前便已敏锐地捕捉到了日本帝国之眼的霸权野心。"正是在日俄战争之时，日本真正成了那样的'伪文明'的国度、帝国主义国家。"①

俄探奸细之斩首发生在日俄战争期间，"幻灯片事件"

---

① 和田春树.日俄战争：起源和开战[M].易爱华，张剑，译.北京：生活·读书·新知三联书店，2018：3.

发生在日俄战争结束以后，而鲁迅写作《呐喊·自序》《藤野先生》《俄文译本〈阿Q正传〉序及著者自叙传略》《鲁迅自传》四个文本的时间在事情发生之后的16至25年间。这样的时间差是分析"弃医从文"问题时刻要虑及的。用回忆误差、虚构这样的词汇来探讨"幻灯片事件"与"弃医从文"之间的关系应该转为对上述文本的细致解读。从还原历史的冲动入手，我们往往去比较时间、地点、处死方法、旁观者、医专学生的反应、鲁迅的看法等要素[①]，而从文学话语的角度出发，比较文本中叙述者的视点对此问题的解决将大有裨益。

(一)《呐喊·自序》

　　我已不知道教授微生物学的方法，现在又有了怎样的进步了，总之那时是用了电影，来显示微生物的形状的，因此有时讲义的一段落已完，而时间还没有到，教师便映些风景或时事的画片给学生看，以用去这多余的光阴。其时正当日俄战争的时候，关于战事的画片自然也就比较的多了，我在这一个讲堂中，便须常

---

① 渡边襄.鲁迅与仙台[M]// 鲁迅·日本东北大学留学百周年史编辑委员会.鲁迅与仙台.解泽春，译.北京：中国大百科全书出版社，2005：70.

常随喜我那同学们的拍手和喝彩。有一回，我竟在画片上忽然会见我久违的许多中国人了，一个绑在中间，许多站在左右，一样是强壮的体格，而显出麻木的神情。据解说，则绑着的是替俄国做了军事上的侦探，正要被日军砍下头颅来示众，而围着的便是来赏鉴这示众的盛举的人们。（着重号为笔者所加）

《呐喊·自序》写于1922年12月3日，发表于1923年8月21日北京《晨报·文学旬刊》，同时印入北京大学新潮社"文艺丛书"，并于同月出版。作为鲁迅的第一部小说集，它期待的读者是渐成大群的新文化人，特别是逐渐聚拢起来的青年学子。1923年《呐喊》出版之际已是鲁迅声名日隆之时，S会馆"俟堂"状态下初发表《狂人日记》时所遭受的冷遇，都已成为过去式。《呐喊·自序》也正是对自己加入新文化阵营以来小说创作实绩的总结，尤其是如何走上文艺道路，成为创作主体必须回答的时代之问。

"据解说，则绑着的是替俄国做了军事上的侦探，正要被日军砍下头颅来示众，而围着的便是来赏鉴这示众的盛举的人们。"注意，这是完整的一句话，亦即，"赏鉴这示众的盛举"，是解说者的话语，而非叙事人的再生产。[①]前半句以被动语态强调了动作的接收者和受害者，"是"连接词语与画面——一个压迫性的场景，"正要"带给读者即时现场的恐怖与屈辱，而后半句则用了主动语态，然而，在被压迫的情境下反而主动来赏鉴，即便是从语段衔接来看，也已经构成了矛盾。如果将该句全部改成主动语态则是："据解说，日本兵绑着替俄国做侦探的清国人，正在砍下他们的头颅来示众，赏鉴这示众的盛举的人们围了上来。"显然，由此主动句中的动作发出者来看，日本兵与赏鉴者是同一暴行的实施者，一个是行动杀戮，一个是视觉杀戮，而不可能举刀的一方是施行者，赏鉴一方是受害者。因而，《呐喊·自序》中的原文一定是解说者强加的一句完整话语，正可谓图穷匕见，更何况，"麻木"何以体现"赏鉴"的态度？只有阿Q飞着唾沫炫耀自己看杀革命党，"咳，好看。杀革命党。唉，好看好看，⋯⋯"[②]这才是主动赏鉴的态度。《呐喊》14篇故事中有9篇都写到了看客心理，而专门写到看杀人的经典之作便是《药》和《阿Q正传》。在整部小说集概括美学总纲的自序文里，

① 李欧梵.再从"头"谈起：缘起鲁迅的国民性随想 [J].现代中文学刊，2010（1）：11—19.

② 鲁迅.呐喊·阿Q正传 [M]// 鲁迅.鲁迅全集：第1卷，北京：人民文学出版社，2005：534.

当然要为之追根溯源，终于溯到了"幻灯片事件"，却在互文中与国民性话语产生了错位和裂隙，恰在这裂隙当中，我们察觉到了鲁迅的内在视点。那就是，同胞被杀戮，神情被麻木，使其无法在仙台医专继续就读下去。从医学这一面讲，放弃不只是个人志趣理想的转变，不只是民族屈辱感的增强，也是不得不如此。[①] 而从文，在始终具有文艺潜在力量的鲁迅那里则从来就没有间断过。

翻阅日俄战争史，由于清廷软弱，日俄两国破坏中国中立的行为，有恃无恐，均不遵守中国政府声明的"我既守局外，两国开战以前，开战以后，均不得招募华民匪类充当军队"的条规。然而，日本和俄罗斯军队都在满洲当地的中国居民中招募了辅兵。俄罗斯人雇佣的中国人辅兵，在他们的铁路和补给线上执行警卫职责，没有配备俄罗斯军服，而是获得了在枪托上印有"俄罗斯帝国政府财产"特殊标记的 Mosin-Nagant 步枪，一些俄罗斯骑兵编队还配备了一小群中国骑兵，这些辅助骑兵通常被雇佣

---

① 1904年3月出版的《大陆》杂志第二卷第二号上刊载的《留学生之狼狈》一文报道了日俄开战不久，留学生中之归国者接踵于途，其本上都是因为受到日本人的冷笑，侮辱，孩子的投以瓦石以及大人变相的"逐客"而忍无可忍。文章举了一例：两个学习医学的学生不忍半途而废，伪为痴聋，修学如故，却被老师和同班同学以为其开"送别会"的形式羞辱而不得不归国。{严安生.灵台无计逃神矢：近代中国人留日精神史[M].陈言，译.北京：生活·读书·新知三联书店，2018：180.}鲁迅虽然不想归国，但也可以选择自由读书著译。

为信使和侦察兵，而不是战斗角色。[①]

日本侵略军以东北最高统治者自居，恣意侵犯中国主权。日本满洲军总司令大山岩以日本陆军的名义发布告示，迫令中国人民："尔等各宜奋力效劳，倘或暗助俄人，妨害我军；或做奸细等事，一经查出，立即严办，决不稍贷。"[②] 俄方阿列克谢耶夫也向中国居民发出严厉的命令，声称："所有在满洲之中国人，均应帮助俄军，以防日本兵。若不听从此命，严罚不贷。"日军在其占领地区，竟公然随意杀害中国官员。[③] 所谓从事谍报工作的俄国奸细，可以是不配合的清国官员、袭击日军的马贼，也可

---

① 俄罗斯边防卫队的一位少校在回忆录中提到，他看到一群武装的中国人在他的火车前面穿过铁路线时感到非常震惊，并把他们指给一位同事看，后者告诉他不要担心，"他们是我们的"；当被问到他怎么知道的时候，他回答说："因为他们没有向我们开枪。"引自 *The Russo-Japanese War 1904—05, A Ivanov&P Jowett · Illustrated by Andrei Karachtchouk, Osprey publishing, P12—14.

② 参见《军督部堂档案》1904年第2卷，第1746号。

③ 1904年9月24日，增祺"派部下高等兵官一名往沙河堡，侦探两军举动"，被日本哨兵抓获，"立即处以军律"。(《东方杂志》1904年第12期，第466页) 奉天委员马文卿县令，到新民厅查账，抚事该处商民，被日军诬为俄国间谍，"遂被日军杀害"。(《东方杂志》1905年第1期，第20页) 因公干于新民府，被日军诬蔑为俄国间谍加以杀害的，还有奉天西路游击马队管带阮翔和知县马某。日军占领辽阳以后，又将该州的继任徐知州逮捕，并抓去宗室绅士11人，其中有5人被杀。另外，又把海城县王县令逮捕，与徐知州一起都押送到青泥洼（即后来的大连）监禁，后来又移到辽阳囚禁，原因是日军当局怀疑他们"与俄人通信"。(《东方杂志》1905年第5期，第243页)

以是无辜百姓，甚至"日寇认为做俄国间谍的，不必要有证据，只须日寇认为是间谍便是间谍"。以"间谍"之罪，成批杀害，屡见不鲜。每个县里至少也有一、二百人。[①]随时可以看到中国的百姓被绑架来围观杀人，"以示严惩"。

这一切残暴的罪行在摄影中被再现为一种视觉杀戮，视觉统治的意识形态将一种压迫关系隐喻化、合法化。日俄战争之前鲁迅的预感被证实，不难想见其拯救民族危亡的志向转为文艺的逻辑链条，即改变被帝国展演的中国历史，被观看的中国人。正像1903年3月1日开始在大阪举行的第五届内国劝业博览会设立人类馆展示的鸦片和小脚；神田桥某日本语学校在附近的活动馆举办招待清国留学生晚会上的缠足表演；更不要说闲步街头，便被孩童呼为"猪尾巴"的围观歧视[②]……"我们的耻辱尽皆暴露在世人的眼中"，日俄战争期间东北人民的集体苦难与创伤笼罩在力图吸引公众高度注意力的展现意识之下，让被压迫民族经历了更加艰难的历史煎熬。夺人眼球的展演同样是历史本身。如何看待历史创伤、历史将以何种方式进入记忆，这是作为视觉媒体的表象空间策划者必须忠诚面对

① 褚德顺.控诉日俄战争的日寇罪行 [M]// 穆景元，毛敏修，白俊山.日俄战争史.沈阳：辽宁大学出版社，1993：422.

② 严安生.灵台无计逃神矢 [M].陈言，译.北京：生活·读书·新知三联书店，2018：104—148.

的。对此，鲁迅始终保持着最敏锐、最冷静的神经，以及最富有前瞻性的思考。

（二）《俄文译本〈阿Q正传〉序及著者自叙传略》《鲁迅自传》

这时正值俄日战争，我偶然在电影上看见一个中国人因做侦探而将被斩，因此又觉得在中国还应该先提倡新文艺。（着重号为笔者所加）

1925年5月26日鲁迅应《阿Q正传》俄译者王希礼之请写下序言，后加自叙传略，初发表于1925年6月15日《语丝》周刊第三十一期。1930年5月16日增补修订而成《鲁迅自传》，其中补充修改的一句是："因此又觉得在中国医好几个人也无用，还应该有较为广大的运动……先提倡新文艺。"关于从事文艺运动的事实陈述非常简略，仅此一句显性因果关系的普通话语，而非意蕴深远的文学话语。我们看不出提倡文艺是缘于国人的麻木、愚昧，更明显的因果是"中国因做侦探而将被斩"成为他者电影中表现的主题，而中国的知识界、文艺界是无声的，在文艺表现手段与内涵方面均是无力的，甚至根本还没有真正诞生现代中国知识界、文艺界，我们的屈辱历史在任人展演。

（三）《藤野先生》

中国是弱国，所以中国人当然是低能儿，分数在六十分以上，便不是自己的能力了：也无怪他们疑惑。但我接着便有参观枪毙中国人的命运了。第二年添教霉菌学，细菌的形状是全用电影来显示的，一段落已完而还没有到下课的时候，便影几片时事的片子，自然都是日本战胜俄国的情形。但偏有中国人夹在里边：给俄国人做侦探，被日本军捕获，要枪毙了，围着看的也是一群中国人；在讲堂里的还有一个我。

"万岁！"他们都拍掌欢呼起来。

这种欢呼，是每看一片都有的，但在我，这一声却特别听得刺耳。此后回到中国来，我看见那些闲看枪毙犯人的人们，他们也何尝不酒醉似的喝彩，——呜呼，无法可想！但在那时那地，我的意见却变化了。（着重号为笔者所加）

《藤野先生》写于1926年10月12日，发表于12月10日《莽原》半月刊第一卷第二十三期。这里需要拎清楚的几点是："但我接着便有参观枪毙中国人的命运了"，很明显这是一种被迫参观；"这种欢呼，是每看一片都有的"，由"每看一片"呈现的连续性特点来看，像是在播放幻灯片，但并不一定每一片都有中国侦探，而主要是日本将士如何英勇作战，甚至很可能并没有中国侦探被杀的画片；这里的行刑是枪毙，而非斩首；"也何尝不酒醉似的喝彩"中的"也"字表明，并非只有麻木的中国人观看杀人，而是日本人陶醉喝彩在先，"闲看枪毙犯人的人们"是"回到中国来"以后的所观。实际上，这类人不分国族均没有"理想的人性"，人性恶在各个民族那里都有不同面貌的显现。在西方封建时代，观看杀头也曾是上流社会贵族太太小姐们的观赏节目，而且每次观赏都一定要晕过去才算达到高峰体验。可以说，鲁迅在这里对中日双方乃至全人类都进行了反思；"在讲堂里的还有一个我"，一个"还"字将镜头一下子由幻灯转向了座席上唯一的中国人，这是一个意想不到的特写角度。作为深陷现代化技术性观视陷阱的受害者进入第一个读者——恋人许广平的视野，而后是期刊编辑、朋友、一代代读者逐渐覆盖的公众视野。作者借用了一种主体—注视来觉察自我被欢呼排除在外的事实，但那种注视并不能简单还原为一个单独的看的主体，而标志着一个不可能存在的位置。那个讲堂上的座位与具象表达之间，在见证矛盾的重压之下瓦解为"不可能性"的空间——弃医还是被弃？

显然，作为回忆性散文的《藤野先生》是可以理所当然地使用文学话语的。例如："到第二学年的终结，我便去寻藤野先生，告诉他我将不学医学，并且离开这仙台。"其实，鲁迅在还没到第二学期期末考试的1906年2月便去意已决，日本同学为其开了送别会；3月6日，清国驻日公使馆留学生监督李宝巽便向仙台医专邮送了关于周树人的退学申请书。医专3月15日受理批准。"我离开仙台之后，就多年没有照过相"，其实，鲁迅于1909年在东京至少照过4张照片，还有一张寄给了朱家。显然，这些语句都是为了服务于"惜别"情境而营造的。因之，讲堂上观看幻灯片也会有艺术处理是顺理成章的。

那么，为何在融入新文化阵营后的五四叙事当中，鲁迅的所述吸引了公众注意的是围观的中国人麻木的神情而不是别的？换言之，鲁迅为何借此将视点由外部世界移向自身，进行自我返观？

这需要将其安置于1922年"后五四"的语境中来把握。鲁迅是从一个总体上的切身反思性视野进入这一命题的。如果说，对被观看的反思是留日时期的精神底色，这里包含对中日两国看客心理的反思，那么，在写作《呐喊·自序》时，叙事重心已经反转为以国人自身习性占主流。在文字表述的背后，鲁迅没有用双眼去看，而是用某种视角在观察自己，这一视角在某种程度上是否可以理解为思想被解放的距离？在这个潜在的主体间性时刻，叙述人主导叙事进行"别样的"或辩证的镜像反映，或者说，引导思考如何将哑言式存在转换为呐喊式存在。另外，"因为做序文，也要顾及销路，所以只得说得弯曲一点"①。十年后在上海给萧军、萧红的信中谈到自序文的写作意图，使我们明白即便是在《呐喊·自序》中，虑及培养起批判性思维的新兴读者群，"弯曲一点"的表达手法一定是存在的。而在那个时候，"吃人""看客"等国民性语汇已经成为新文学之父鲁迅的文学关键词。

如果鲁迅的叙述被认可为在指责围观中国人的话——一个世纪以来，对于"幻灯片事件"的解读已经成为这样的固化模式——试问，在任人宰割与屠戮的情境下，谁能够有资格去麻木不仁地观看杀戮，谁又敢于冒着被杀的危险去做看客或不去做看客？除非是日本军队勒令围观，以"杀鸡儆猴"，是谓示众。在那样一种暴力情境下，被"赏鉴这示众的盛举"，除了麻木还会有什么样的神情？面对自己的是屠刀、枪口和镜头，在最发达的现代性的捆绑下，什么样的中国国民爱国神情能够被敌方的战时记者拍摄下来？能够被日本人制作的幻灯画片呈现出来？毫无疑问，无意义的看客和示众的材料是帝国之眼下的殖民话语生产，而非鲁迅的再生产。只能说，鲁迅选择这样一个极具

---

① 鲁迅.19351116致萧军萧红[M]//鲁迅.鲁迅全集：第13卷.北京：人民文学出版社，2005：584.

戏剧效应的课堂情境来衬托"弃医从文"，视觉场景太过于尖锐冲突，致使麻木成为嗜血暴力下的合理反应，所谓的国民劣根性批判思维于此被绑架，"庸众"概念不成立。

由于《呐喊·自序》《藤野先生》中的视觉叙述与表达意图没有很好地咬合在一起，使国民性问题在极端的场景中失去合理性，导致了百年后终于有人质疑幻灯片叙事神话，即叙事者为何不去关注和描述日本兵的神情①，然而，这一质疑仍然没有叩问到关键之处。显然，以酒醉式的神情、看热闹的心态围观处决死刑犯，是鲁迅在国内的现实体验，而非在日本被迫观看屠戮无辜同胞时的视觉体验，由这一裂隙，可以直接判断鲁迅的"幻灯片事件"叙述是一种文学话语。但文学话语不等同于虚构，更不等同于记忆失误。这需要基于二者之间的关系来分析叙述、阐发语义，而不应直接在事实与虚构二者之间对立讨论。正像国民性话语最先由他者文化生产出来，麻木的看客形象同样来自帝国迷梦朦胧醉眼下的观照。对此，

---

① 李欧梵. 再从"头"谈起：缘起鲁迅的国民性随想 [J]. 现代中文学刊，2010（1）：11—19. 该文指出鲁迅是在客观按照幻灯片的部分真实的基础上，从揭示国民性的创作意图出发，对原幻灯片进行了再生产。鲁迅的取舍虽然突出了揭示"看客"国民劣根性的主题，达到了从痛苦中汲取心灵精神的升华和国家民族的理想的目的，但也无意中忽略了揭露帝国主义者凶残屠杀弱国人民的暴行，弱化了对被屠杀者等弱者的同情。

必须清醒地辨析。

然而，"幻灯片事件"的诗学力量太强，以至于研究界及读者均"麻木"地接受了叙述者对于国人"麻木"的批判，没有留意乃至充分挖掘《呐喊·自序》"据解说"后面的潜台词，没有看到叙述者将五四时期反思国民性的思维安放在了1906年的日俄战争时代。换言之，"被麻木"的中国国民形象植根于启蒙观者，后者相信通过使用国民性话语可以捕捉到被启蒙者的本质。

由此再倒推过去关于"弃医从文"的文本，反而确凿地证明了鲁迅在《呐喊·自序》《藤野先生》里有后设启蒙的意图在内。不管有没有这张幻灯片，它与鲁迅的叙述都一定存在某种距离。尤其是，《呐喊·自序》对小说集中14篇故事的理解具有美学操控力量。而其余的文本则时刻注意与其呼应，后者已经奠定了"弃医从文"的基调。

四、结语

"幻灯片事件"这一中国现代文学的典范场景，具有极高而又深潜的诗学阐释力量，是鲁迅基于历史本事与个体独异经验的文学话语表达，彰显了仙台的独特性、视觉电影的独特性及写作主体鲁迅的独特性，从而成为中国现代文学史上最值得挖掘的潜文本。

在仙台，鲁迅真正开始深入日本社会中间。文艺的彻底觉醒始于其仙台注视，而这种注视恰恰是粉碎了以改良人种拯救国族命运的冲动，在那种外显的民族屈辱的决定中抵达人性的起源，因而将文艺奉为精神的灯火，并由此立志开辟文艺的战场。但是，为了抵达这一历史时刻，作为主体的鲁迅首先应当具有潜在的文艺性。为了文艺，人必须首先已经在从事文艺。这种同义反复是由作为一种僭越手段的视觉经验进入公众视野的。这意味着：只有到了这一刻，中国近代启蒙知识分子才能投身于现代文艺，换角度言之，走向现代的中国人只能通过文艺的世界汇通打开的空间里看到自己的镜像才能走向主体性反思的这一刻。

显然，中国现代文学主体性的降临不是鲁迅本人于1906年的细菌学讲堂上瞬间产生的，而是作者在文本外的各种观看、持续性阅读[①]深入的生活，与日本人交往的亲身体验中逐渐感受到的，也是在文化比较中萌生的，甚至还包括归国之后的东亚局势进展，中日关系的新状况、

---

① 日俄战争后，鲁迅又购买过关于日俄战争的书籍，查鲁迅藏书遗留下来的有维拉萨耶夫著《我在日俄战争中的经历》（斯图加特·B.路茨出版社1909年版）、欧根·察伯尔著《俄国文化史，经历与回忆》（柏林，K.库提乌斯出版社1907年版）、亚历山大·布吕克纳著《俄罗斯文学史》《俄罗斯思想发展在其文学中的反映》等。

新氛围，从"二十一条"到巴黎和会上蛮横的山东问题决议案，五四新文化运动的浪潮，等等。因而，到1922年《呐喊·自序》中用文字建构了"幻灯片事件"及"弃医从文"，对于写作主体来讲，这是一个不断觉醒、不断生产着的过程。要说有关键时刻，那就是鲁迅开始内在注视、返观自身的那一刻，由日本归国后以文艺作品呐喊出来的那一刻。因而，以回望16年前的某一个时间节点来寻找鲁迅文学起源的物证支撑，或验证记忆之真，乃至论证中国现代文学的起源，显然均步入了简化历史的误区。

"弃医从文"是"幻灯片事件"叙事所召唤出来的因果关系，叙述者与读者都在不断提供这种关系，甚至是读者的主动弥补。实际上，鲁迅身后至今的批评界、研究者仍在不断地构建"幻灯片事件"及其"后续历史"，使之"在数十年间穿梭于不同的历史语境以及被多种媒介挪用、移植和旅行的'重述'经历，而每一次重述都和鲁迅的原初叙述构成了对话和紧张。"① 所以对于仙台之问，我们需要做的最重要的可能还是去质疑发问的视角，而对这一问题的再度质疑，也是一次重返文艺本身的过程。

---

① 罗岗，徐展雄. 幻灯片·翻译官·主体性——重释"幻灯片事件"兼及鲁迅的"历史意识"[J]. 杭州师范大学学报，2011（5）：61—70.

附录 2

日本："到东洋去"

——鲁迅生平陈列之"日本"部分策展侧记

博物馆的功能是通过文物来讲述历史，而如果这是一个人物类博物馆，纪念的这个人又是一个世界文豪，那么，这个博物馆的藏品体系一定以手稿、藏书、照片等纸质文物为核心。纸质文物没有器物、艺术品等形制多样、外貌可观，又泛着漫长时光留下的沧桑印痕，往往给人以模糊、沉闷、枯燥之感，怎样才能讲好纸质文物的故事，将纪念的这个人及其所历经的时代，展示得内容精准、逻辑连贯、内涵深厚，同时又生动有趣？这始终是一个巨大的挑战。

为纪念鲁迅诞辰140周年，北京鲁迅博物馆（北京新文化运动纪念馆）对鲁迅生平陈列进行了提升改造。整个展览以"生命的路"为主旨，以先生一生足迹所至为时空坐标，分割出绍兴、南京、日本、杭绍宁、北京、厦门、广州、上海八个版块。每个版块以鲁迅旧体诗点题，概括其心路历程和精神底色。

鲁迅留学日本七年（1902—1909），在其个人生平史上是很独特的一个时期。21—28岁，正是葱茏的青春华年，更是最美好的读书时光，也同时是鲁迅人生历程中离开自身文化母体，以日本为观察点，融入世界文化思潮的生命高阶。这段时期留下来的文物、史料主要是照片与纸质文物，包括照片77幅，实物80件（套）。众所周知的历史事件有"幻灯片事件"、弃医从文，当然还有一些不为人所关注的历史细节。如何以最新最全的研究成果、最严密的叙事结构、最丰富的手段、最灵动的展陈语言，再现第一代留日生的个人成长史，同时也是中华民族的悲怆命运在某一个体生命点的镜像折射，呈现一个非同寻常的留日生周树人，需要学术积累，更需要创新性思考，策展充满了诱惑与挑战。

一方面，我们在日本地图上标记出鲁迅曾经去过的东京、仙台、横滨、长崎、箱根、伊豆、松岛等七个地点，以使观众对鲁迅在日本的足之所至有初步的了解。

另一方面，在形式设计上引入浮世绘元素。浮世绘兴盛于日本江户时代（1603—1867）。"浮世"一词来自禅宗，原指人的生死轮回和人世的虚无缥缈，浮世绘意即"描绘虚浮的世界的绘画"，一度被西方视为日本绘画的代名词。自幼喜欢绘画的鲁迅，留日时期便搜集了不少浮世绘作品及这方面的书。1934年1月27日在给日本歌人山本初枝的信中，鲁迅说，"我年轻时喜欢北斋，现在则是广重……"为了突出"日本"部分的东洋风情，展墙虚化底纹选择了葛饰北斋的《富岳三十六景》与歌川广重的《东海道五十三次》。整个底色选择日本学生制服的湖蓝色、浅灰色交替相衬，基调沉稳又不失活泼。

策展人的工作充满选择，而这需要清晰的逻辑。我们要经常到库房熟悉文物，到展厅工地增强空间意识，回到案头，将纷乱的思绪理清，挑选骨干展品，将多余、次要的元素统统排除，建构起大纲的整体性与系统性，类似于安排剧本中的人物合并、时间糅合、内心独白。技巧娴熟的策展人会排出让观众容易跟上的线。这条线，即观众的顺序体验，是叙述的基本元素。要保持这条线的完整性。怎么让主角出场？以什么样的顺序？怎么让观众记住这些事件？怎么搭建一个场景？怎么烘托一种情境？如何创造景观？观众需要感受到时间流逝，但一定不能在时间中迷失。为此，要首先问自己，这段历史的自然顺序是什么，研究这段历史是按什么顺序展开的。

叙述的节奏与速度也要有很好的把控，加快或放慢时间与标记时间，完全根据展品的密集与疏朗程度。几个单元的规模也不是均等的，会根据文物史料的分量、所历事件的重要性，强调重要部分，简述其他。当解释枯燥但信息重要时，加快速度；而当最好的展品与材料使历史行动快速进行的时候，则要放慢速度，通过在展板上留出更多空间，找出场景内自然的停顿，慢下来的观众才能跟着进入正在发生的事件、场景和过程。

"日本"部分整个内容分为三个单元，前言以不超过300字的精粹语言，高度概括鲁迅留日七年的学习历程与所取得的文艺成就。

1902年3月，鲁迅以官费启程赴日本留学。最初两年在弘文学院学习语言和预科知识。他受到风起云涌的反清革命思想的影响，剪断了象征民族压迫的辫子，开始翻译西方科幻小说，并撰写中国地质矿产著作。

1904年，鲁迅到仙台医学专门学校学习医学，得到藤野先生的关怀和教诲。后因看到日俄战争的幻灯片，有中国人被指为俄军间谍遭日军斩首，而围观的同胞神情麻木，由此醒悟到，国民疾病不仅是肉身的，更是精神的。

1906年夏，鲁迅回到东京从事文艺活动，尝试创办杂志，致力于翻译被压迫民族的反抗文学，与二弟周作人合译并印行《域外小说集》两卷。

三个单元以与鲁迅精神相应的旧体诗作为标题，展现其外在人生道路所隐含的心路历程。重点文物独立展柜三组、多媒体幻灯一处、鲁迅自我讲述及同时代人回忆文摘四处。

一、我以我血荐轩辕

该句出自脍炙人口的《自题小像》。全诗为：

灵台无计逃神矢，风雨如磐暗故园。
寄意寒星荃不察，我以我血荐轩辕。

此诗为鲁迅剪辫后所写，慷慨激昂，充满了爱国情怀与忧患意识。特别是"我以我血荐轩辕"一句，典型概括了刚刚踏上东洋土地，初入弘文学院时鲁迅的雄心与远大抱负。

第一单元展示的是鲁迅1902—1904年在弘文学院两年间的学习与生活。此期间遗留下来的文物主要有照片、毕业证书、矿产地图、地质学手稿、杂志、科幻书籍、带印章签名册等，史料有课程表、入学文件（9张）、规则章程、出版物序言、弘文学院及中国留学生会馆照片等。展墙上主要展示照片、史料、手稿、证书，便于观众驻足平视时仔细打量思考。间中精选鲁迅与许寿裳文摘三处，也就是以当事人的口吻告知观众，他们到日本如何获取新知，如何思考国民性以及为何要翻译科幻小说。

凡留学生一到日本，急于寻求的大抵是新知识。除学习日文，准备进专门的学校之外，就赴会馆，跑书店，往集会，听讲演。

——鲁迅：《因太炎先生而想起的二三事》

有一天，谈到历史上中国人的生命太不值钱，尤其是做异族奴隶的时候，我们相对凄然。从此以后，我们就更加接近，见面时每每谈中国民族性的缺点。因为身在异国，刺激多端……我们又常常谈着三个相联的问题：

（一）怎样才是理想的人性？

（二）中国民族中最缺乏的是什么？

（三）它的病根何在？

——许寿裳：《我所认识的鲁迅》

我国说部，若言情谈故刺时志怪者，架栋汗牛，而独于科学小说，乃如麟角。智识荒隘，此实一端。故苟欲弥今日译界之缺点，导中国人群以进行，必自科学小说始。

——鲁迅：《月界旅行·辨言》

新上展品为许寿裳所保存的鲁迅24岁时的照片，后面有许寿裳亲笔所书"鲁迅廿四岁小像　一九〇四在东京"，系第一次展出。关于《自题小像》诗何时所作，学界一直有争议，未有定论。目前展示的是1932年12月9日鲁迅给上海筱崎医院日本医生冈本繁博士的题赠。文物照片包括两张鲁迅单人照、两张合影，其中既有与绍兴籍同学合影，又有浙江同乡会合影。史料照片则有弘文学院、中国留学生会馆、向国内介绍的科学家与文学家人物像等。以上展品完全可以支撑这一时段鲁迅丰富多彩的校园生活，彰显自身主体性。展墙下面的展柜中是鲁迅刊发编译习作的杂志及翻译的科幻小说。

二、杀人有将　救人为医

第二单元展示的是鲁迅在仙台医专一年零七个月的学习与生活（1904年9月—1906年3月）。展品类别与第一部分基本相同，多了成绩单与书信手迹，也就是唯一存世的"仙台书简"。新上展品为"留学生监督李宝巽署名的鲁迅退学申请书""仙台医专学生名册中周树人的名字被红笔勾掉"的图片。

这一单元在人物的生平史上故事性最强。由于鲁迅的经典叙述，"幻灯片事件""泄题事件"、故意将血管画得对称、批改医学笔记、"弃医从文"等桥段已广为人知，而且还有与生死直接相关的神秘的医学院、监狱署。这一单元的策展要有强大的叙事推动力，以发展的人物性格和推进故事的叙事思考来推动展览。照片里出现了尸体、实验室、幻灯机等一系列现代科学符号，迥异于第一、三单元的人文元素。单元标题取自20世纪30年代鲁迅在上海题赠冯蕙熹的一首旧体诗："杀人有将，救人为医。杀了大半，救其子遗。小补之哉，乌乎噫嘻！"实际上是在提醒观众深思弃医从文的另一种深层内涵，侵略者的野蛮杀人比之强权逼迫下的所谓"看客"，才是使习医救人呈现虚无的真正原因，帝国镜头下塑造的"麻木的神情"才是促使鲁迅以文艺来立人的深层动因。

鲁迅的辍学众所周知，周树人的名字在花名册上被划掉，我们之前所见都是黑白照片，原件现藏仙台医专的后身也就是日本东北大学史料馆。我们向仙台鲁迅研究会求助，秘书长佐藤弘康先生热心联络，史料馆馆长加藤谕准教授很快发来表格，让我们办理手续，我们在填写了申请表后，很快收到了对方发来授权使用的鲁迅仙台医专的退学文件及记录高清图片。这样，就会有更多的观众清晰地看到周树人的名字在仙台医专的花名册上被红笔勾掉了。

三、人立而后凡事举

再度东京三年（1906—1909）是鲁迅专门从事文艺运动的时期。他把学籍落在独逸语专修学校，同时追随章太炎学习文字学，又习俄文，创办文艺杂志而不得，还大量阅读东欧文学作品，翻译出版了两册《域外小说集》。这一单元的标题选自鲁迅此期间所写的《文化偏至论》里的名句，突出强调"立人"的文化主张。

第三单元最多的是人物像，共有七组群像。

第一组是家人。1906年夏天，鲁迅回乡结婚，迎娶朱安，并携二弟周作人来日留学。这在其留日史上又是非常重要的一次转折。朱安像与周作人像并置，观众由此可感知作为长子的鲁迅于现实中的负担与限制。

第二组是革命派。章太炎、陶成章、徐锡麟、秋瑾，鲁迅在日本都曾经与之有直接间接的交集。鲁迅留日时期，革命为时代主潮，回国后两年便发生了辛亥革命，而仁人志士大部分都是留日者。革命派人像成组出现，正是对革命思潮风起云涌的时代精神的凸显。

第三组是八位摩罗诗人。鲁迅在《摩罗诗力说》中对他们均有详细介绍。此处新上照片为波兰诗人克拉辛斯基与斯洛伐茨基，这两位诗人在之前的展览中长期缺席，经联络波兰驻华大使馆，竟有意想不到的发现。波兰大使馆 J. Jerzy Malicki（中文名字马志伟）先生安排提供了鲁迅在《摩罗诗力说》中提到的三名波兰诗人的高清照片。

第四组是《文化偏至论》中提到的哲学家尼采、施蒂纳、叔本华、克尔凯郭尔。这些均是深刻影响了鲁迅生命观、价值观的大哲。

第五组是《人之历史》中提到的林奈、海克尔，《科学史教篇》中提到的培根、笛卡尔等科学家。有几位科学家的学说、经历均为鲁迅首次绍介到中国。

第六组是鲁迅最关注和喜爱的19世纪作家，包括俄国"神秘幽深"之安特来夫、悲世甚深之迦尔洵、始终带着"含泪的微笑"的果戈理，日本低徊超绝之夏目漱石、清淡腴润之森鸥外，挪威"救出自己"之易卜生，波兰警拔锋利之显克微支。

第七组是鲁迅在日本最后三年与友人的合影。合影中自然少不了挚友许寿裳、赞助者蒋抑卮。最后以赠送给朱家的鲁迅单人照结束这一单元，与开首的朱安照片——"母亲送我的礼物"，隔空呼应，是一个象征性的句点，一段生命历程的停留，也是新的生命阶段的开启。

固定展柜里主要陈列的是鲁迅用雅驯的古语发表的五篇文章，对应上面的人物群像。面对鲁迅所介绍的人文科学、自然科学等领域的重要人物，观众会调动起自身的知识储备，惊讶于鲁迅当年之涉猎广博，目光超群。

除了人物群像，上墙部分最重要的文物是《新生》杂志封面及稿纸，这是鲁迅年轻时代破碎的文艺梦。女盲诗人抚弄的诗琴与展柜中陈列的《域外小说集》封面的诗琴，构成和谐，象征鲁迅终其一生追寻不息的文艺梦。整个单元里还植入鲁迅在东京的足迹图，经常去购书的书店绘图。

再度东京的三年，鲁迅将学籍落在独逸语专修学校，专门习德语，同时追随章太炎师习文字学，还跟流亡日本的俄国人玛利亚·孔特夫人学了一段时间俄语，可以说参加了三个语言培训班。这个单元学习的物证以课本、笔记来支撑。展柜里陈列的是《民报》《说文解字》笔记、俄语学习班课本，另有刊发了奠定其一生重要思想的五篇文言文的杂志《河南》。鲁迅学习德语、俄语，是为了独自翻译东欧文学作品，留下拟购德文书目，以及自己所做的两本剪报册并有手书目次。这个单元与金字塔里的原版书籍相呼应，隐含着的正是鲁迅的域外阅读史。

文摘所选用的鲁迅的话来自《我怎么做起小说来》：

> 注重的倒是在绍介，在翻译，而尤其注重
> 于短篇，特别是被压迫的民族中的作者的作品。
> 因为那时正盛行着排满论，有些青年，都引那
> 叫喊和反抗的作者为同调的。

这提示观众，同样是弃医从文，与郭沫若、郁达夫等具有创作冲动的作家相比，鲁迅的心灵轨迹是不同的。他怀抱的是盗火煮肉的文化启蒙理想，这理想的践行首先从绍介外国文艺、引入异域之声开始。

就像大多数叙事性文章都在概述和戏剧性叙事之间不断切换一样，展览一通上图下说、图文结合的固定模式之后，必然要有一个场景呈现，不断更换视角的观众才不会厌倦。场景往往是呈现复杂性的最好手段，类似于文章中的"果壳段"。作为策展人，应该发掘与观众分享历史复杂性的能力，开拓观众的理解域。毫无疑问，鲁迅的弃医从文经历了复杂艰难的心灵挣扎，如何才能让这个重要的时刻生动再现呢？我们调动了多种不同类型的史料——新闻图片、文字报道、回忆录，以多媒体方式重构了"看与被看"的场景，标题就叫"幻灯·看客"。我们把日本东北大学1965年找到的鲁迅就学时细菌学教研室留存至今反映日俄战争的15张幻灯片，以及当年有关俄探枭首的新闻照片、文字报道及鲁迅述及此事的文摘，一并录入做

旧，滚动播出，共20次切换。透过对受难者之认同及经验式场景重构，引发观众的同理心（sympathy）。观众驻足观看时，仿佛重回那个屈辱的年代，构成审视情境。这样的设计和叙事，观众至少可以从两种角度来体会展示：见证者与"看客"。而现实中的观者身份又使他们有历史的疏离感，既可以进入历史人物的视域，又能够回到外在的位置，通过这种视域之往返，达到新的视域之融合，也就是批判性思维的高度，从而增强反省意识，而不仅仅是情移神入，悲愤不已。

决定选取大时序中的哪一部分来集中展现，是展品排序组合的关键。把所有藏品都展出来，不仅不现实，从展览叙述法则来讲，也显得相当混乱、散漫，突出哪一组重点展品，才能让鲁迅的故事更有力量？这在"日本"部分里似乎不难确定。

如果说博物馆试图通过展品以转喻的手法表现整个世界，那么玻璃展箱便是通往这个世界的窗口。当策展人以展品及其布置格局向观众传达故事时，玻璃展箱可以保证这个传达过程不受任何文字或其他情况干扰。观众的目光透过玻璃紧盯着展品，心中所想只有展品本身，进而是它与邻近的其他展品之间的关系。

"日本"部分的独立展柜共有三组。一是藤野先生专题组合独立柜。这个展柜含五件文物，包括藤野先生赠送给鲁迅的"惜别"照片、藤野的履历书、他为周君批改的医学笔记、鲁迅《藤野先生》的手稿，以及鲁迅去世后，藤野先生写的《谨忆周树人君》。这一组集中亮相的专题文物，也是彰显中日友好，感恩师情主题的永恒明证。上方中心立板鲁迅照片突出的是断发照。文摘选用《文化偏至论》中强调"立人"的话。

> 外之既不后于世界之思潮，内之仍弗失固有之血脉，取今复古，别立新宗，人生意义，致之深邃，则国人之自觉至，个性张，沙聚之邦，由是转为人国。人国既建，乃始雄厉无前，屹然独见于天下，更何有于肤浅凡庸之事物哉？

二是《域外小说集》专柜。专柜集中展示东京神田初版一、二册，鲁迅《域外小说集·序言》手稿，《日本及日本人》杂志对于周氏兄弟翻译外国文学的报道。如果从这篇报道算起的话，鲁迅研究至今已有114年的历史。

三是金字塔造型的展柜。展示了鲁迅留日时期所购买的德文、日文、中文书籍，包括文学、美术、科学书籍等，充分彰显书之力，激发观众读书的热忱。鲁迅嗜书之笃，遐迩闻名，留日时期最大的乐趣就是到日本桥大街银座的丸善书店淘书，体会猎书的喜悦、得书的悸动、读书的沉醉，饶有兴致地去探究它们的语言、内容、来源、印刷、装帧、装订，并且自己译书、编书、校书，常常为了造一个字而跑印刷所，全方位迅速融入当时领先世界的东京出版界。

站在这位饱学之士的象牙塔之前，观众虽不能伸手摩挲珍本，却能够被书的魔力深深吸引，并深刻感知，鲁迅曾经如何将其翻旧，与之共老，而又无迂腐炫学之味。鲁迅青年时代的海量阅读对于后人的文学趣味，影响深远。他以润物无声的方式让藏书在身后得以重生，而这也恰是我馆与手稿同样珍贵的馆藏。

站在"金字塔"旁的某一角度回望，可见展墙上众多世界文豪群像，在历史交织的时空中，集体发出情感的混响，而中心板上的中国文学大师鲁迅像，正与"金字塔"里的作品遥相辉映。这会引发观众思考：鲁迅如何与这些作家如遇故交，会心颔首，通过翻译来自我发现，建立认同，与自身的文化和历史进行角力；此后的人生旅途中，自己如何持续与这些作品对话，与作家们携手共同创造新的意义。

博物馆是一个象征空间，在这个象征空间里，所有的文物和展品已然成为逝去历史的符号。那些从历史背景中散落下来的一件件见证物，被置于一种新的联系和秩序当中，同时也是观照历史的再维度化和再语境化。就鲁迅的

214

一生而言，入学文件、毕业执照、聘书、薪俸收据、家用账、便条、名片、合同、剪报册、修书工具等物件，已经不可能再回到过往的时光流中，带着温度依次出场。它们必然会被纳入某个结构，以零度情感召唤多种可能。而作为世界文豪，鲁迅的文化伟绩主要体现在由一个个文字、一张张手稿、一本本巨著累积起来的宏大文化工程，这些成果以金字塔和版本墙的方式集中呈现，给观众带来强烈的视觉冲击和心灵震撼。